오백 년 미라와 함께 되살아난
여자들의 한국사

고고 지식 박물관 50
오백 년 미라와 함께 되살아난 **여자들의 한국사**

글 황근기 | 그림 김윤정

초판 1쇄 펴낸날 2011년 1월 10일 | **초판 3쇄 펴낸날** 2018년 5월 15일
펴낸이 최만영 | **편집장** 한해숙 | **기획** 우리누리 | **편집** 최현정 | **디자인** 디자인 알도
마케팅 박영준 | **경영지원** 김효순 | **제작** 강명주, 박지훈
펴낸곳 ㈜한솔수북 | **출판등록** 제2013-000276호 | **주소** 03996 서울시 마포구 월드컵로 96 영훈빌딩 5층
전화 02-2001-5818(편집), 02-2001-5828(영업) | **전송** 02-2060-0108
전자우편 isoobook@eduhansol.co.kr | **북카페** cafe.naver.com/soobook | **페이스북** www.facebook.com/soobook2
ISBN 978-89-535-7514-1 74030 **ISBN** 978-89-535-3408-7(세트)

어린이제품안전특별법에 의한 제품 표시
품명 아동 도서 | **사용연령** 만 8세 이상 어린이 제품 | **제조국** 대한민국 | **제조자명** ㈜한솔수북 | **제조년월** 2018년 5월

ⓒ 2011 우리누리·㈜한솔수북
※ 저작권법으로 보호받는 저작물이므로 저작권자의 서명 동의 없이 다른 곳에 옮겨 싣거나 베껴 쓸 수 없으며 전산장치에 저장할 수 없습니다.
※ 값은 뒤표지에 있습니다.

한솔수북 한솔수북의 모든 책은 아이의 눈, 엄마의 마음으로 만듭니다.

오백 년 미라와 함께 되살아난

여자들의 한국사

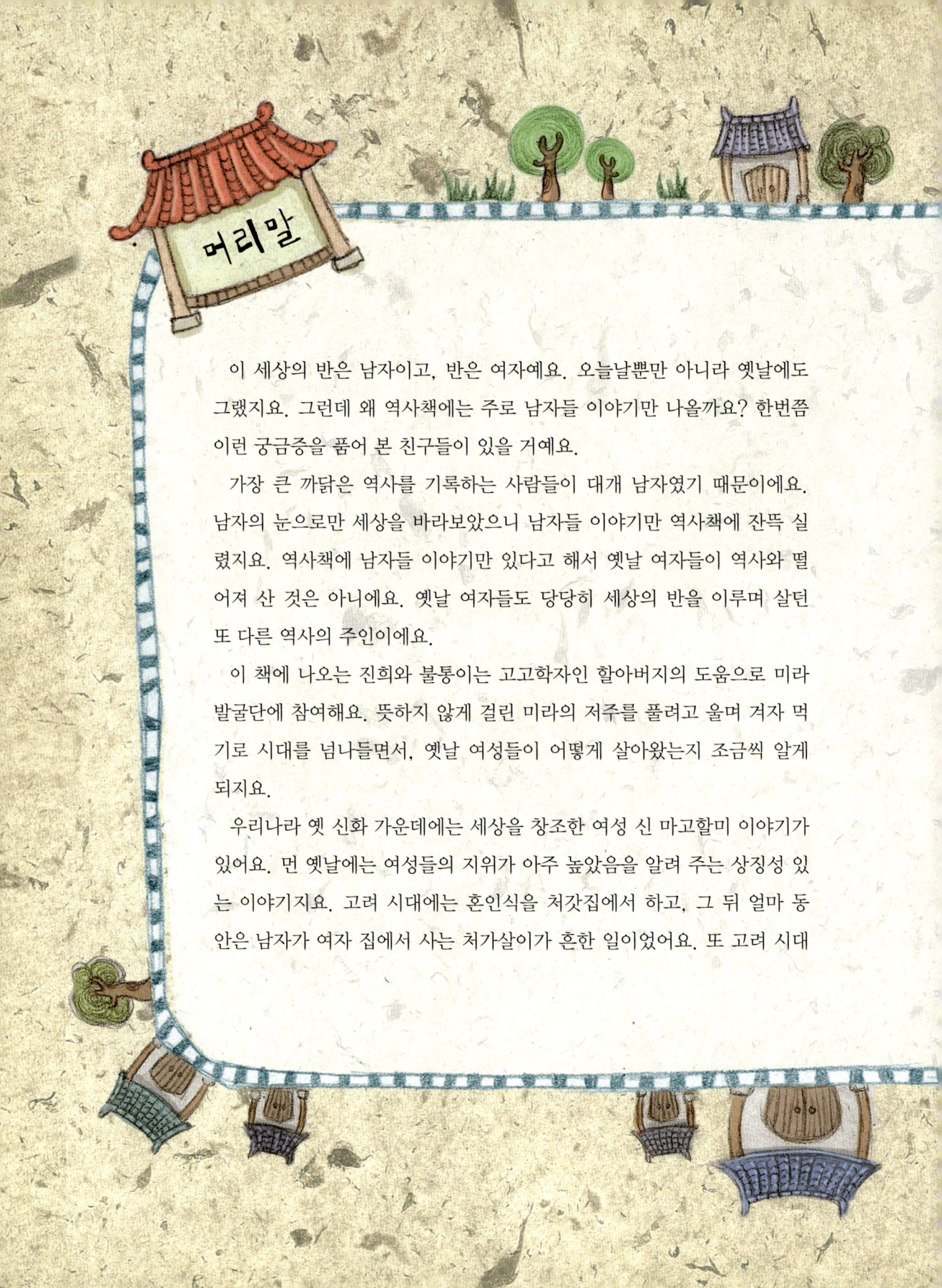

머리말

　이 세상의 반은 남자이고, 반은 여자예요. 오늘날뿐만 아니라 옛날에도 그랬지요. 그런데 왜 역사책에는 주로 남자들 이야기만 나올까요? 한번쯤 이런 궁금증을 품어 본 친구들이 있을 거예요.

　가장 큰 까닭은 역사를 기록하는 사람들이 대개 남자였기 때문이에요. 남자의 눈으로만 세상을 바라보았으니 남자들 이야기만 역사책에 잔뜩 실렸지요. 역사책에 남자들 이야기만 있다고 해서 옛날 여자들이 역사와 떨어져 산 것은 아니에요. 옛날 여자들도 당당히 세상의 반을 이루며 살던 또 다른 역사의 주인이에요.

　이 책에 나오는 진희와 불통이는 고고학자인 할아버지의 도움으로 미라 발굴단에 참여해요. 뜻하지 않게 걸린 미라의 저주를 풀려고 울며 겨자 먹기로 시대를 넘나들면서, 옛날 여성들이 어떻게 살아왔는지 조금씩 알게 되지요.

　우리나라 옛 신화 가운데에는 세상을 창조한 여성 신 마고할미 이야기가 있어요. 먼 옛날에는 여성들의 지위가 아주 높았음을 알려 주는 상징성 있는 이야기지요. 고려 시대에는 혼인식을 처갓집에서 하고, 그 뒤 얼마 동안은 남자가 여자 집에서 사는 처가살이가 흔한 일이었어요. 또 고려 시대에는 아들, 딸 차별 없이 누구나 똑같이 부모의 재산을 물려받을 수 있었고, 딸도 부모의 제사를 지낼 수 있었어요. 그러다 유교 사상을 따르는 조선 시대에 들어오면서 여성이 세상에 설 자리는 좁아지고 사회 지위도 점점 떨어졌어요. 근대 사회의 막이 열리면서 여성들은 자신의 지위를 조금씩 다시 찾았고, 지금은 백 년 전보다는 훨씬 남녀가 평등한 시대가 되었어요.

저는 여러분이 이 책을 보고, 역사는 남자들만의 것이 아니라는 것을 느낄 수 있으면 좋겠어요. 나라를 세우는 데 큰일을 한 소서노, 그 어느 왕보다 나라를 잘 다스린 선덕 여왕, 이웃 백성들의 삶을 자기 일처럼 돌봐 준 김만덕……. 이렇게 수많은 여성들이 우리 역사를 빛냈어요. 과연 옛날 여자들은 어떻게 살았을까요? 궁금하면 얼른 책장을 넘겨 보세요.

글쏜이 황근기

차례

머리말 ·· 04

나오는 사람들 ·· 08

미라 발굴단 ··· 10

삐걱 소리가 나는 돌다리 ························ 16

미라의 저주 ··· 22

되살아나는 귀신들 ································· 30

신방 습격 사건 ······································ 42

부적의 암호를 풀어라 ···························· 50

손변의 재판 ·············· 60

공녀 소동 ·············· 68

장옷 입은 여자들 ·············· 78

열녀의 비밀 ·············· 88

낯선 여자들의 등장 ·············· 98

미라, 흙으로 돌아가다 ·············· 108

우리나라 역사를 빛낸 여자 영웅들 ·············· 114

나오는 사람들

황진희

호기심이 많은 열한 살 난 여자아이. 자존심이 세서 모르면서도 아는 체를 하는 버릇이 있다. 고고학자인 할아버지를 따라 미라 발굴 현장에 갔다가 미라의 저주에 걸리고 만다. 미라가 내 준 숙제를 풀어 저주에서 벗어나려고 시대를 넘나들면서 여러 여성들을 만난다. 그 과정에서 옛날 여자들이 어떻게 살아왔는지 하나둘 알아 간다.

최불통

아는 척, 잘난 척 박사인 진희의 같은 반 친구. 겁 없는 성격에 역사에 관심이 많고 지식도 많아 진희의 부탁을 받고 미라 발굴 현장에 같이 간다. 미라의 저주를 풀려고 울며 겨자 먹기로 진희를 따라 시간 여행을 떠난다.

미라
오백 년 전에 죽어서 미라가 된 조선 시대 여성. 어쩌다 보니 발굴단의 눈에 띄어 세상 밖으로 나왔지만 사람들 눈길을 벗어나 조용한 흙 속으로 돌아가는 것이 소원이다. 진희와 불통이한테 자신의 여자 조상과 후손을 만나 부적을 붙이고 오라는 숙제를 내 준다.

황고봉
우리나라 으뜸 고고학자이자 대학 교수인 진희의 할아버지. 언제나 영화에 나오는 인디아나 존스와 같은 옷차림을 하고 다녀서 별명도 '인디아나 존스 할아버지'이다. 조선 시대 여성 미라 발굴단의 대표를 맡아 진희를 발굴 현장에 데려간다.

그 밖의 사람들
고대·고려 시대·조선 시대·근대를 살아가는 여자들

미라 발굴단

"뭐? 오백 년 전 조선 시대 여성 미라가 나왔다고?"
집에서 인터넷을 검색하던 나는 피식 웃으며 중얼거렸다.
'미라는 무슨! 우리나라가 뭐 이집트야? 미라가 나오게…….'
속으로는 말도 안 되는 얘기라고 생각했지만, 혹시나 하는 마음으로 인터넷 기사를 클릭해 보았다.
"앗!"
정말 미라 사진이었다. 사진 속 미라는 입을 헤 벌린 채 나를 뚫어지게 노려보고 있었다. 물론 미라는 벌써 오래전에 죽은 사람이라 눈동자가 있을 리 없다. 나를 보고 있을 리도 없다. 그런데 뭘까, 이 오싹한 기분은?

이번에 발견된 미라는 조선 시대 어른 여성으로 보인다. 키는 153 센티미터쯤으로, 임진왜란 이전에 조선 시대 여성들이 즐겨 입던 옷차림새를 하고 있었다. 폐가 뒤틀어지고 얼굴과 몸이 몹시 야윈 점으로 보아 오랫동안 병을 앓다가 죽은 여성인 듯하다.

이 조선 시대 여성이 왜 미라가 되었는지는 아직 밝혀지지 않았다. 미라가 발견된 곳에서는 공교롭게도 고대, 고려 시대, 조선 시대, 근대까지 여러 시대의 유물이 함께 출토되고 있어 학계의 뜨거운 관심을 불러일으키고 있다. 이번 미라 발굴은 우리나라 으뜸 고고학자인 황고봉 박사가 이끌고 있다.

'할아버지가 미라 발굴을 이끄신다고?'

황고봉 박사는 바로 우리 할아버지다. 대한대학교 고고학과 교수로 우리나라 고고학계에서는 모르는 사람이 없을 만큼 이름난 분이다. 우리나라에서 웬만한 굵직한 발굴은 거의 다 우리 할아버지 손을 거쳤다고 해도 틀린 말이 아니다.

하지만 우리 할아버지는 별나기로도 소문이 자자하다. 자화자찬이 너무 심해서 이야기를 하다 보면 조금 짜증이 난다. 게다가 언제나 인디아나 존스 같은 촌스러운 옷을 입고 다니신다. 고고학자는 원래 그런 옷을 입고 다녀야 한다나 뭐라나.

'미라는 도대체 어떻게 생겼을까?'

나는 갑자기 호기심이 솟구쳐 할아버지한테 전화를 걸었다.

"오, 우리 진희! 웬일이냐? 공부는 잘하고 있지?"

"네, 할아버지. 이번에 조선 시대 여성 미라를 발굴하신다면서요? 미라 발굴단에 저도 끼워 주시면 안 돼요?"

"미라 발굴단?"

"네! 이번처럼 지겨운 여름 방학은 처음이에요. 정말 심심해 죽겠어요. 미라 발굴단에 끼면 참 재미있을 거 같은데……."

"진희야, 이번 발굴은 보통 중요한 일이 아니란다. 더구나 이번에 미라가 발견된 곳에서는 고대, 고려 시대, 조선 시대, 근대까지 거의 모든 시대 유적이 같이 나왔지. 이런 일은 할아버지도 처음 겪는 거야. 내가 처음이면 우리 학계에서도 당연히 처음이지. 에헴! 아마 다들 이번 발굴에 끼고 싶어서 안달이 나 있을 게야……."

할아버지는 잠깐 뜸을 들였다. 설마 안 된다는 말씀을 하시려고?

"어쨌거나 이만큼 중요한 발굴을 맡을 만한 사람이 우리나라에서는 이 할아버지밖에 없다는 건 너도 잘 알지? 하하하! 할아버지는 어떤 유적이든 척 보면 딱 알거든. 조선 시대 여성 미라 발굴은 이번이 처음이지만 이 할아버지라면 곧 미라의 정체를……."

'후유. 또 시작이시네, 자화자찬!'

나는 속으로 한숨을 한 번 길게 내쉬고 전화기에 소리쳤다.

"할아버지!"

"어이쿠, 이 녀석! 할아버지 귀 안 먹었다."

"미라 발굴단에 저도 데려가 주실 수 있냐고요?"

나는 군인처럼 한마디 한마디를 힘주어 말했다.

"아차! 그 얘기를 하고 있었지. 그게 쉬운 일은 아니다만……, 너도 알다시피 고고학계에서는 이 할아버지의 한마디가 대통령 말보다 더 힘이 세잖냐. 황고봉 손녀딸이라고 하면 누가 뭐라고 하겠어? 하하하!"

웃음소리 뒤에도 할아버지의 자화자찬은 끝없이 이어졌지만 다 옮겨 적지는 않겠다. 아무튼 할아버지와 나는 내일 아침 아홉 시, 우리 집 앞에서 만나기로 약속을 했다. 마침 미라가 나온 곳도 우리 집에서 그리 멀지 않는 곳이었다.

전화를 끊고 나니 마음이 급해졌다. 땅을 파는 삽이나 호미를 챙겨야 하나? 아니면 손전등? 나는 콧노래를 부르며 인터넷 검색창에 '미라 발굴'이라고 쳐 보았다. 눈 깜짝할 사이에 수많은 글들이 컴퓨터 화면을 가득 채웠다. 그 가운데 내 눈길을 확 끄는 것은 '미라의 저주'란 글이었다.

'헉, 미라를 발굴하고 나서 저주에 시달렸다고?'

그 글은 1920년대 이집트 파라오 미라 발굴에 참여한 사람들이 잇따라 목숨을 잃은 이야기를 아주 자세히 밝히고 있었다. 미라가 있던 방에 처음 들어간 영국의 카나본 경을 비롯해 서른이 넘는 사람들이 줄줄이 죽은 그 이야기는 내 콧노래를 쏙 들어가게 했다.

'할아버지한테 지금이라도 그만두겠다고 할까? 아, 무서운 건 딱 질색인데…….'

그때 문득 우리 반 반장 최불통이 떠올랐다. 불통이는 스스로 역사 박사라고 뻐기고 다닐 만큼 아는 것도 많고 역사에 관심이 많은 친구다. 한 가지 흠이 있다면 우리 할아버지 못지않게 잘난 척을 많이 한다는 것! 그러고 보니 왜 내 곁에는 이렇게 잘난 사람이 많지? 나는 불통이한테 문자를 보냈다.

'야, 최불통. 지금 놀이터에서 볼 수 있냐?'

곧바로 답장이 왔다.

'나 지금 놀이터에서 놀고 있는데 무슨 일?'

나는 만나서 얘기하자는 문자를 보내고, 서둘러 놀이터로 달려 나갔다.

"뭐? 미라를 발굴하는 데 같이 가자고?"

최불통은 햄버거를 먹다가 반쯤 잘린 바퀴벌레라도 본 사람 같은 얼굴을 하며 나를 바라봤다.

"응. 너는 역사에 관심이 많잖아. 우리나라 으뜸 고고학자 황고봉 박사님이라고 들어 봤지? 그분이 바로 우리 할아버지야. 이번 미라 발굴단을 이끌고 계시지. 아마 너한테 많은 역사 이야기를 들려 주실 텐데……."

우리 할아버지 이야기를 꺼내자 불통이의 눈빛이 살짝 흔들리는 것 같았다. 불통이는 엄지손가락으로 이마를 누르는 시늉을 하더니, 이내 마음을 먹은 듯 입을 열었다.

"아무래도 그런 일을 하려면 나처럼 용감하고 역사를 잘 아는 사람이 필요하겠지. 좋아! 내일 아홉 시라고 했어?"

삐걱 소리가 나는 돌다리

"끼이익!"

할아버지의 오래된 지프차가 요란스럽게 집 앞에 멈추는 소리가 들렸다. 시계를 보니 정확히 아홉 시였다. 오늘도 할아버지는 그 차림새였다. 모자와 옷, 허리에 채찍까지 영화 속 인디아나 존스가 막 화면 밖으로 튀어나온 듯 보였다. 아, 물론 얼굴은 빼고 옷만 그렇다는 얘기다.

"안녕하세요, 할아버지!"

나와 불통이가 한꺼번에 인사를 했다.

"얘는 누구냐?"

"얘는 저희 반 반장이고, 이름은 최불통이에요. 저 혼자 가면 심심

할 거 같아서 같이 가자고 했어요. 괜찮죠?"

 할아버지는 입을 꾹 다물고 이마에 주름을 잡으셨다. 할아버지가 이런 얼굴을 하시는 건 좋지 않다는 신호다. 나는 얼른 칭찬에 약한 할아버지의 약점을 파고들었다.

 "불통이 꿈이 고고학자인데 할아버지를 가장 존경한대요. 그래서 데려왔어요!"

 "하하하! 그래? 어쩐지 똘똘하게 생긴 녀석이다 했지. 자, 얼른 타거라."

 미라 발굴 현장에는 많은 사람들이 바쁘게 움직이고 있었다. 양동이에 흙을 퍼 나르는 사람, 붓으로 흙을 조심스럽게 파내는 사람, 사진을 찍는 사람…….

 "얘들아, 너희가 꼭 지켜야 할 일이 있다."

 할아버지가 갑자기 심각한 얼굴로 우리를 바라보며 말씀하셨다.

 "뭔데요?"

 "발굴 작업을 하는 동안에는 방해가 되지 않게 멀찍감치 물러서서 구경만 하거라. 그리고 그럴 일은 없겠지만 절대 미라를 맨손으로 만지면 안 된다."

 "왜요?"

 "투탕카멘의 저주라고 들어 봤지?"

"알아요. 이집트 파라오의 미라!"

나는 어제저녁 인터넷에서 본 글이 확 떠올랐다.

"우리 손녀딸 제법인걸? 고대 이집트에서는 왕을 파라오라고 했어. 투탕카멘은 고대 이집트 파라오의 한 사람이었지. 1924년에 미라로 발견되었는데, 그때 발굴에 참여해 맨손으로 미라를 만진 사람들이 줄줄이 목숨을 잃고 말았어. 이걸 투탕카멘의 저주라고 한단다."

"저, 정말이에요?"

불통이가 눈이 둥그레져서 할아버지한테 물었다.

'맨손으로 미라를 만진 사람들이 목숨을 잃었다고? 그런 얘기는 못 본 것 같은데…….'

난 할아버지 이야기가 조금 미심쩍었다. 이건 왠지, 혹시 우리가 미라를 만지기라도 할까 봐 겁을 주려고 지어낸 이야기가 아닐까 싶었다. 그때 마침 기자들이 할아버지 곁으로 몰려들었다.

"황고봉 박사님, 조선 시대 여성 미라의 정체는 무엇입니까?"

"그동안 우리나라에서 미라가 얼마나 많이 발견되었습니까?"

할아버지는 진짜 인디아나 존스처럼 중절모를 살짝 벗었다 쓰면서 환하게 웃었다.

"여러분도 알다시피 저는 우리나라 고고학계를 대표하는 사람입니다. 그런데 이번 조선 시대 여성 미라의 발견은 저한테도 아주 뜻밖이어서……."

할아버지가 인터뷰를 하는 사이 우리는 미라 발굴 유적지를 한 바퀴 둘러보기로 했다.

사람들이 머물고 있는 발굴 캠프와 미라 발굴 유적지 사이에는 오래된 돌다리가 하나 있었다. 아직 다리 아랫부분이 거의 다 흙 속에 파묻혀 있는데, 위로 볼록 솟아오른 모습이 둥글게 굽은 무지개 꼴이었다. 우리는 호기심에 다리 위를 걸어 보았다. 그랬더니 마치 오래된 마룻바닥을 걸을 때처럼 삐걱거리는 소리가 나는 게 아닌가?

"뭐야? 돌다리에서 왜 이런 소리가 나지?"

"웃기다, 이 다리. 돌다리가 아니라 삐걱 다리야. 하하!"

불통이와 나는 그 다리를 '삐걱 다리'라고 이름 붙였다.

다리를 건너 조금 걸어가니 드디어 미라 발굴하는 곳이 보였다. 흙 속에 절반쯤 파묻혀 있는 미라의 모습이 멀리서도 한눈에 들어왔다. 우리는 누가 먼저라고 할 것도 없이 마른침을 꿀꺽 삼켰다. 허리 위쪽만 흙 위로 드러나 있는 미라는 마치 공포 영화에 쓰려고 만든 마네킹처럼 보였다.

"어째 좀 으스스하다."

겁이 없기로는 둘째 가라면 서러울 불통이도 뻣뻣이 굳은 얼굴로 미라를 바라보고 있었다.

"진희야!"

최불통이 뭔가 비밀스러운 이야기를 하려는 듯 작은 소리로 나를 불렀다.

"우리 좀 더 가까이 내려가서 미라를 살펴보지 않을래?"

나는 눈을 동그랗게 뜨고 불통이를 바라봤다.

"야, 너 우리 할아버지 말씀 못 들었어? 절대 미라 가까이 가지 말라고 하셨잖아. 미라의 저주……."

"발굴하는 사람들이 잠깐 쉬러 갔나 봐. 지금 아니면 언제 미라를 가까이 보겠어? 어서 와!"

막무가내로 잡아당기는 불통이 손에 이끌려 나는 어느새 미라의 무덤 속으로 발을 들여놓고 있었다. 미라의 무덤은 낮인데도 서늘한 기운이 감돌았다.

"진희야, 여기 미라의 머리카락 좀 봐. 신기하지 않아? 죽은 뒤에도 머리카락이 하나도 안 썩었어."

불통이는 아무렇지도 않은 듯 맨손으로 미라를 만졌다.

"그, 그러네."

"우아, 손톱도 아직 남아 있어. 진희야, 이리 와서 너도 만져 봐."

"저, 정말 괜찮을까?"

"그럼! 아무렇지도 않잖아."

미라의 손은 마치 구운 쥐포를 만질 때 느낌이랑 비슷했다. 물론 따뜻한 기운이라고는 하나도 없었지만 말이다. 바로 그때 발굴하는 사람들이 오는 소리가 들렸다.

"어이쿠, 얼른 나가자."

우리는 재빨리 미라의 무덤에서 나와 캠프 쪽으로 뛰어왔다.

"헉헉, 어때? 괜찮지?"

불통이가 의기양양하게 웃으며 나를 바라봤다.

"응? 응……."

아! 그때 미라의 몸에 손을 대지 않았다면 얼마나 좋았을까? 아니, 할아버지한테 미라 발굴단에 끼어 달라는 부탁을 하지 않았다면 얼마나 좋았을까? 그랬다면 그 숱한 고생을 하지 않아도 되었을 텐데…….

미라의 저주

 이튿날 아침, 웬일인지 내 몸이 이상했다. 누군가 머리를 바늘로 콕콕 찌르는 것처럼 쑤시고 아팠다. 어디에 부딪친 적도 없고 누구한테 맞은 적도 없는데, 점심 때가 되어서도 통증은 사라지지 않았다.
"당장 병원에 가 보자."
 나는 엄마와 함께 병원에 갔다.
"머리에는 아무런 이상이 없는데……. 거 참 이상하네요."
 하지만 내 머리는 점점 더 아파 왔다. 병원에 다녀온 다음 날엔 정말 깨질 듯이 머리가 아파서 나도 모르게 눈물이 뚝뚝 떨어졌다.
"아무래도 안 되겠다. 더 큰 병원에 가 봐야겠어."
 나는 커다란 기계에 들어가 뇌 사진까지 찍었다. 하지만 돌아온 대답은 어제와 똑같았다. 나는 머리가 아파서 죽겠는데 아무런 문제가 없다니! 불통이한테 전화가 걸려 온 건 바로 그때였다.

"진희야, 너 몸 괜찮아? 난 어제부터 머리가 깨질 듯이 아파……."

"뭐, 그럼 너도?"

"왜? 너도 머리가 아파?"

"난 병원에도 다녀왔어."

"진희야, 혹시 이게 너희 할아버지가 말씀하신……."

"서, 설마 미라의 저주?"

불통이와 나는 둘 다 입이 얼어붙고 말았다. 잠깐 말이 없던 불통이가 조심스럽게 입을 열었다.

"지금 당장 만나자. 내가 너희 집으로 갈게."

우리는 심각한 얼굴로 인터넷 검색창에 '미라의 저주'라고 쳐 보았다. 알고 보니 미라의 저주는 종류도 가지가지였다. 정신병을 일으켜 스스로 목숨을 끊게 하는 저주, 입에서 피를 토하게 하는 저주, 몸을 돌처럼 뻣뻣하게 굳게 만드는 저주……. 정말 미라의 저주는 상상을 뛰어넘었다.

"가만, 미라의 저주가 있으면 푸는 법도 있지 않을까?"

불통이의 말에 나는 재빨리 검색창에 '미라의 저주 푸는 법'이라고 써 넣었다. 그랬더니, 정말 별별 방법이 다 떴다. 미라 얼굴에 오줌 싸고 도망치기, 미라 뼈를 가루 내 우유에 타 마시기, 밤 열두 시에 미라한테 거울 보여 주기와 같이 대개는 말도 안 되는 방법들이었다.
"어휴, 그럼 그렇지."
"잠깐, 진희야. 이건 좀 그럴듯해 보이는데?"

미라의 저주에 걸리셨습니까?

미라의 머리를 세 번 쓰다듬고 이마에 뽀뽀를 하면 미라의 저주가 풀립니다. 이 방법은 페루의 쿠스코에서 미라를 발굴한 사람들이 미라의 저주를 푸는 방법입니다. 이 방법으로 쿠스코 사람들은 미라의 저주에서 풀려났다고 합니다.

페루의 쿠스코가 어디인지는 모르겠지만, 이 얘기는 왠지 좀 그럴싸하게 들렸다.

"정말 이렇게 하면 미라의 저주가 풀릴까?"

그날 저녁, 우리는 마을버스를 타고 다시 미라 발굴 유적지를 찾았다. 다행히 발굴 캠프에는 사람들이 많지 않았다. 바글바글하던 기자들은 다 돌아갔고, 몇몇 학자와 학생들이 넓은 유적지 곳곳에 조금씩 흩어져 있었다.

"불통아, 우리 할아버지한테 솔직히 다 말씀드리면 안 될까? 저주를 풀어야 하니까 미라 머리를 쓰다듬고 이마에 뽀뽀를 하겠다고······."

"말이 되는 소리를 해. 잠이 덜 깬 거 아니냐고 쫓아내실걸?"

우리는 나무 뒤에 숨어서 발굴 작업이 끝나기를 기다리기로 했다. 마침내 날이 어둑어둑해지고, 경비를 서는 아저씨 둘만 남고는 모두 발굴 현장을 빠져나갔다. 멀리 가로등에서 나온 불빛이 미라의 무덤을 어슴푸레 비추고 있었다.

"저, 저기 삐걱 다리가 보인다."

오늘도 다리에서는 삐걱삐걱 소리가 났다. 밤이라서 더 크게 들리는 것 같았다.

"이 다리는 돌로 만들어졌는데, 왜 걸을 때마다 이렇게 삐걱 소리가 날까?"

"그, 그걸 누가 알겠냐?"

우리는 살쾡이처럼 납작하게 엎드린 채 미라의 무덤 안으로 발을 들여 놓았다. 눈이 어둠에 익숙해지기까지 꽤 오랜 시간이 걸렸다. 얼마나 그렇게 쪼그리고 앉아 있었을까? 이윽고 미라의 모습이 눈에 들어왔다. 미라의 몸은 이제 거의 모두 흙 밖으로 드러나 있었다.

"머, 먼저 머리를 세 번 쓰다듬자."

최불통이 미라의 머리를 세 번 쓰다듬는 동안 나는 깍지를 꽉 끼고 있었다.

"진희야, 네 차례야."

나는 천천히 미라의 머리를 쓰다듬었다. 미라의 머리카락에서는 뭐라고 표현하기 힘들 만큼 고약한 냄새가 났다.

"진희야, 이제 이마에 뽀뽀를 해야지."

"나도 알아. 좀 조용히 해."

나는 눈을 질끈 감고 미라의 이마에 뽀뽀를 하려고 허리를 굽혔다. 최불통이 내 손목을 꽉 움켜쥔 건 바로 그때였다. 나는 깜짝 놀라 숨이 멎는 줄 알았다.

"야, 지금 장난할 때야?"

"그, 그, 그게 아니고……."

최불통은 눈빛으로 자기 손목을 가리켰다. 덜덜 떨고 있는 최불통의 두 손이 보였다.

"뭐야, 그럼 날 잡은 이 손은……. 서, 설마?"

"미, 미라가 우리 손목을 잡았어!"

나는 기절하지 않으려고 온 정신을 한곳으로 모았다. 그리고 애써 내 손을 안 보려고 고개를 돌렸다.

'이건 현실이 아니야. 꿈에서 깨자, 꿈에서 깨!'

하지만 그럴수록 내 손목을 잡는 차가운 느낌은 더욱 또렷해졌다.

"으, 으악!"

"엄마야!"

미라는 나와 불퉁이의 손목을 꽉 잡은 채 서서히 몸을 일으켰다.

"저주를 풀려고 왔느냐아아아."

미라의 목소리는 마치 동굴에서 들려오는 것처럼 윙윙 울렸다.

"지금부터 내가 진짜 저주를 푸는 법을 알려 주겠노라아아아."

우리는 아마 그때 숨도 한 번 못 쉬고 미라의 말을 들은 것 같다.

"미라의 저주를 풀고 싶다면, 먼저 미라의 소원을 들어줘야 한다아아아."

그제야 보니, 미라는 입도 벙긋거리지 않고 말을 하고 있었다.

"나는 여기서 사람들의 구경거리가 되고 싶지 않다아아아. 내가 흙으로 돌아갈 수 있게 해다오오오."

메아리가 치듯 윙윙 울리는 미라의 말은 또 이어졌다.

"나를 흙으로 돌려보내려면 나의 여자 조상님들과 후손을 찾아야 한다아아아. 그리고 엉덩이에 이 부적을 붙여야 한다아아아. 그럼 너희한테 걸린 저주도 풀릴 것이야아아아."

미라는 비단으로 만든 빨간 주머니 하나를 품속에서 꺼내 우리한테 건넸다. 나는 용기를 쥐어짜서 간신히 입을 열었다.

"우리가 어떻게 미라님이 살던 시대로 갈 수 있겠어요? 게다가 미라님의 조상과 후손을 무슨 수로 찾아요?"

"주머니 안의 부적을 잘 보아라아아아. 미라의 부적을 지닌 사람은 다리를 건너 이쪽 세상과 저쪽 세상을 오갈 수 있다아아아."

그러고 나서 미라는 천천히 고개를 돌려 둘레를 한 번 살폈다. 고개를 돌릴 때 나는 소리가 마치 녹슨 나사를 돌릴 때 나는 소리 같았다. 미라는 다시 우리를 바라보고 말했다.

"지금 내가 한 이야기는 너희만 알고 있어야 한다아아아. 다른 사람이 알게 되면 미라의 저주는 영영 풀리지 않을 것이다아아아."

미라는 이 말을 남기고 원래의 모습으로 다시 돌아갔다. 우리는 숨을 멈춘 채 살그머니 뒷걸음질을 쳤다. 죽은 줄 알았던 사람이 다시 벌떡벌떡 일어나는 공포 영화의 한 장면이 자꾸 머릿속을 맴돌았다.

"빠, 빠, 빨리 도망치자!"

되살아나는 귀신들

정신 없이 뛰어 삐걱 다리를 건너온 것까지는 생각이 난다. 그런데 이게 어찌 된 일일까? 밤이라서 앞이 잘 보이지는 않았지만, 우리 앞에는 민속촌에서나 본 듯한 집들이 눈에 띄었다. 발굴 현장에 있던 텐트, 층층이 쌓여 있던 선반, 여러 가지 작업 도구들은 눈을 씻고 봐도 보이지 않았다.

"우, 우리가 지금 어디에 와 있는 거야? 여긴 미라 발굴 유적지가 아니잖아."

불퉁이 말대로 우리가 있는 곳은 분명 미라가 발견된 유적지는 아니었다. 그때 호주머니에서 뭔가가 툭 떨어졌다.

"앗! 진희야, 이건……."

불퉁이가 가리킨 땅바닥에 떨어진 물건은 아까 미라가 준 빨간 비단 주머니였다.

"그래, 이 주머니에 있는 부적에 미라의 저주를 풀 열쇠가 있다고 했잖아."

비단 주머니에는 미라가 말한 대로 부적이 들어 있었다. 모두 네 개였다.

"그나저나 지금 우리는 어디에 와 있는 거지?"

"음……. 고대 시대인 것 같아."

"뭐? 그걸 어떻게 알아?"

불퉁이는 대답 대신 주머니 안에서 부적 하나를 꺼냈다. '고대 미라의 조상'이라고 적혀 있는 부적에서는 유난히 밝은 빛이 뿜어져 나오고 있었다.

"그럼 지금이 고구려, 신라, 백제, 발해 같은 나라가 서로 힘을 겨루던 그 시대란 말이야?"

"그런 거 같아."

카랑카랑한 여자들의 목소리가 들려온 것은 바로 그때였다.

"뭐, 홍라녀의 남편이 다른 여자한테 눈길을 줬다고?"

"아, 그랬다니까. 내 눈으로 똑똑히 봤다고!"

"허허, 그 사내 정말 제정신이 아니구먼."

대충 세어 봐도 한 열은 되어 보이는 여자들이 우리가 있는 쪽으로 우르르 걸어오고 있었다. 한껏 높은 목소리로 봐서 모두들 몹시 흥분한 것 같았다.
"이키, 숨어야겠는걸?"
불통이와 나는 서둘러 담장 뒤로 몸을 피했다.
여자들은 우리가 숨어 있는 담장을 지나 홍라녀의 집으로 들어갔

다. 그런데 여자들 옷차림이 좀 낯설게 보였다. 여자들이 거의 다 바지를 입고 있는 게 아닌가? 몇몇 여자들은 아예 남자처럼 옷을 입고 있었다.
"불통아, 저것 좀 봐. 여자들이 바지를 입고 있어. 옛날 여자들은 치마만 입는 줄 알았는데……."

"쯧쯧. 너, 아직 그것도 몰랐냐? 고대 여자들은 치마와 바지를 함께 입었어. 여자들이라고 치마만 입은 건 아니었다고."

최불통이 잔뜩 뽐내는 말투로 이야기했다.

"흥! 사람이 어떻게 그렇게 뻔뻔한 짓을 할 수 있어요?"

"입이 있으면 어디 핑계라도 대 보시지?"

여자들의 목소리는 점점 더 높아지고 있었다. 우리는 호기심을 못 참고 좀 더 가까이 가서 보기로 했다. 그런데 이럴 수가! 웬 남자 하나가 여자들 앞에 무릎을 꿇고 두 손으로 싹싹 빌고 있는 게 아닌가?

"발해 남자는 아내를 한 사람만 둘 수 있다고 나라에서 법으로 정해 둔 거 알고 있지요?"

"알고 있소."

남자는 기어들어 가는 목소리로 대답했다.

"우리가 열 명씩 모둠을 짜서 남편들이 다른 여자한테 한눈을 파는지 안 파는지 감시하는 것도 알고 있지요?"

여자들의 목소리에는 날카로운 가시가 박혀 있었다. 남자는 허리 한 번 못 펴고 여자들한테 머리를 조아렸다.

"야, 최불통. 이거 좀 이상한 거 아냐? 옛날에는 남자가 아내를 여럿 두는 일이 많다고 들었는데……. 양반들은 계집종을 거느리기도 했고 말이야."

"쯧쯧, 그러니까 사회 시간에 졸지 말고 선생님 말씀을 잘 들었어야지. 고대 여자들의 지위는 남자와 크게 다르지 않았어. 그리고 지금 저 사람들은 발해 사람이라고 하잖아. 발해 남자들은 여자들한테 꽉 잡혀 살았대."

잘난 체하는 꼴은 눈꼴사나웠지만, 불통이 말은 사실인 것 같았다. 이 앞에 있는 고대 여자들은 남자들을 쥐락펴락하는 여장부들로 보였다.

"내가 잘못했소. 앞으로는 절대 다른 여자한테 눈길을 돌리지 않겠소. 맹세하오!"

남자의 목소리는 점점 더 안으로 기어들어 가고 있었다.

"고대에는 여자들의 지위가 꽤 높았나 봐."

"고대에는 아직 모계 사회의 전통이 남아 있어서 그래."

"모계 사회?"

최불통은 마치 아직 구구단도 못 외우는 학생을 바라보는 선생님처럼 내 눈을 바라봤다.

"진희야, 너 설마 모계 사회가 무슨 뜻인지 몰라서 물어보는 건 아니겠지?"

난 뜨끔했다. 몇 번 들어보기는 했지만 정확히 무슨 뜻인지는 몰랐으니까. 그래도 최불통한테 망신을 당할 순 없었다.

"당연하지! 내가 설마 모계 사회가 뭔지도 모르겠냐?"

모계 사회가 뭐냐고?

아이를 낳은 어머니가 중심이 되어 이루어진 사회를 '모계 사회'라고 해. 하지만 모계 사회라고 해서 여자가 남자를 다스린 건 아니야. 식구들의 우두머리는 여자의 남자 형제나 삼촌이 맡기도 했지.

요즘은 좀 덜하지만 수십 년 전까지만 해도 우리 사회는 모든 면에서 남자가 중심이 되는 사회였어. 집안에서도 굵직한 일들은 거의 다 아버지 마음대로 돌아갔지. 이렇게 아버지가 중심이 되는 집안 형태를 '가부장제'라고 해. 어떤 사람들은 가부장제가 인류의 오랜 전통이라고 말하기도 하지. 하지만 인류 역사를 크게 나누어 보면 모계 사회였을 때가 훨씬 더 길었어.

지금도 중국의 나시족은 모계 사회를 이루며 살고 있어. 어머니와 아이들만 한집에 사는데, 이들은 아버지가 누군지도 모른단다.

"내 생각에는 아무래도 이곳 사람들의 눈에 안 띄게 조심해서 다니는 게 좋겠어."

최불통이 나지막한 목소리로 속삭였다.

"왜?"

"왜긴 왜야. 저들은 사람이 아니야."

"뭐, 사람이 아니라고? 그럼 뭐야?"

"귀신!"

"뭐, 귀신? 그게 무슨 소리야?"

"저기를 봐."

최불통이 손으로 가리킨 곳에는 지금 막 지은 듯한 성이 보였다.

"성이잖아. 저게 왜?"

"성 위에 있는 조각상들을 봐. 어디서 본 것 같지 않아?"

그러고 보니 조각상들의 모습이 낯이 익었다. 어디서 봤더라……?

"바보야, 미라 발굴 유적지에서 봤잖아!"

불통이의 말을 듣는 순간, 망치로 뒤통수를 맞은 것 같았다.

"그러니까 네 얘긴, 우리가 지금 시간만 다른 곳에 와 있지 여전히 미라 발굴 유적지에 있다는 거잖아. 그게 말이 되냐?"

"진희야, 너 '박물관이 살아 있다'라는 영화 봤지?"

"응."

불통이는 더욱 작은 목소리로 말했다.

"그 영화를 보면 밤마다 전시물들이 되살아나서 박물관을 막 돌아다니잖아? 그런 것처럼 여기 미라 발굴 유적지에서도 밤마다 그 시대에 살던 사람들이 되살아나는 게 아닐까?"

그럴듯한 얘기였다. 미라도 되살아나는 마당에 다른 귀신들이라고 되살아나지 못하라는 법이 어디 있겠는가? 그러고 보니 이곳 마을의 산세가 미라 발굴 유적지에서 본 것과 거의 비슷했다.

"좋아! 그건 그렇다고 치고, 고대에 살았다는 미라의 여자 조상은 어떻게 찾지?"

"부적에 귀띔이 있다고 했잖아."

"아차, 그랬지."

나는 재빨리 부적을 살펴봤다. 하지만 부적에 적혀 있는 글씨는 온통 이상한 한자여서 읽을 수가 없었다.

"야, 최불통. 너 이 한문 읽을 수 있냐?"

최불통은 부적을 뚫어지게 살펴보더니 고개를 가로저었다. 나는 갑자기 다리에 힘이 풀렸다.

"잠깐 저기 앉아서 생각 좀 해 보자."

우리는 알록달록한 빛깔의 천이 매달려 있는 나무 밑 너럭바위 위에 털썩 주저앉았다. 나중에 안 사실이지만 그 너럭바위는 산신에게 기도를 올리는 신성한 바위였다.

일 분쯤 지났을까? 나와 마주 보고 앉아 있던 불통이가 갑자기 벌떡 자리에서 일어나 슬금슬금 뒤로 물러났다.

"지, 지, 진희야."

불통이의 얼굴로 봐서 내 뒤에 뭔가가 나타난 게 틀림없었다. 나는 마음을 굳게 먹고 뒤를 돌아봤다.

'미라가 되살아나는 것도 봤는데 더 놀랄 게 뭐 있겠어? 이번엔 또 뭐냐?'

내 뒤에는 뜻밖에도 인자하게 생긴 할머니가 서 있었다.
"누, 누구세요?"
"나? 난 이 산을 지키는 산신령인데. 너희는 무슨 일로 나를 찾아왔느냐?"
"산신령이요? 산신령은 남자 아닌가요?"
산신 할머니는 들고 있던 지팡이로 내 머리를 가볍게 툭툭 때렸다.
"고대에는 산신 할아버지보다 산신 할머니가 더 많았거든."
"정말요? 고대에는 여자가 신이었어요?"
"원, 그 녀석. 의심도 많네. 그렇다니까."
"그럼 할머니는 뭐든지 다 아시겠네요?"

"그렇지. 난 산신이니까 모르는 게 없지."

나는 산신 할머니한테 다짜고짜 부적을 내밀었다.

"그럼 이 부적에 뭐라고 써 있는지 좀 알려 주세요."

"끙, 이건 미라의 부적이로구나. 내가 이런 일에 끼어들면 안 되는데……."

부적을 살펴본 산신 할머니는 아주 곤란한 눈치였다.

"에이, 산신 할머니도 부적에 적힌 글씨는 못 읽는구나."

"하긴, 산신 할머니가 어떻게 글을 아시겠어? 평생 산속에 틀어박혀 사셨을 텐데."

우리는 일부로 산신 할머니를 놀리며 슬슬 눈치를 살폈다.

"모르긴 누가 몰라!"

산신 할머니는 지팡이를 확확 휘두르며 고래고래 소리를 질렀다.

"내가 읽어 볼까? 부적에 나오는 사람은 '요석'이라는 여자고, 요석이 살고 있는 곳은 성 북쪽 끝이다."

나는 재빨리 산신 할머니 손에서 부적을 낚아챘다.

"아, 그렇군요."

"산신 할머니, 정말 고맙습니다. 다음에 또 찾아뵐게요."

산신 할머니는 허둥지둥 떠나는 우리 등 뒤에다 대고 혼잣말을 중얼거렸다.

"저 녀석들 앞길도 참 막막하구나. 첩첩산중이야……."

산신령은 모두 남자였을까?

옛날 사람들은 깊은 산속에는 마을을 지켜 주는 산신이 있다고 믿었어. 우리는 보통 '산신령' 하면 수염 난 할아버지를 떠올리지. 그런데 정말 산신은 다 남자였을까? 산신에는 산신 아기씨, 산신 할머니 같은 여자 산신도 많았어. 더구나 고대에는 여자 산신이 아주 많았지. 산신이 여자였다는 것은 산 이름만 봐도 쉽게 알 수 있어. 대모산, 모악산처럼 산 이름에 '어미 모(母)' 자가 붙은 것은 산신이 여성이었기 때문이야. 여성 산신이 나오는 옛날이야기는 역사책에도 아주 많이 나온단다.

신화에 나오는 여자 신들의 이야기

우리나라 신화에는 여자 신들의 이야기가 아주 많이 나와. 그 가운데 마고할미 이야기를 들어 본 적이 있을 거야. 마고할미는 '설문대 할망' '안가락 할망'이라고도 하지. 제주도에 내려오는 전설인 설문대 할망 이야기를 한번 들어 볼래?

설문대 할망은 어찌나 몸집이 큰지 한라산을 베고 누우면 발끝이 제주도 북쪽에 있는 관탈섬에 닿았어. 빨래도 관탈섬에다 놓고 한라산 꼭대기를 팔로 짚고서 빨았지. 오줌 줄기는 어찌나 셌는지, 오줌을 누자 제주도 한쪽이 떨어져 나가 작은 섬들이 생겨났대. 제주도에서 오름이라고 하는 기생 화산들 있지? 그건 설문대 할망이 치맛자락으로 흙을 나를 때 치마에 난 구멍으로 흙이 떨어져서 생겨난 거란다.

이처럼 옛날 사람들은 여자가 새로운 생명을 낳는 것처럼 여자가 우주를 만들었다고 생각했단다.

신방 습격 사건

귀신들이 되살아난 세상에 와 있다고 생각하니 왠지 등골이 으스스했다.

'여긴 숲이니까 갑자기 산적 귀신들이 나오는 건 아닐까?'

우리가 지나는 숲 속은 풀벌레 소리 하나 없이 조용했다. 불통이 녀석은 무섭지도 않은지 콧노래까지 흥얼거리면서 혼자 앞서 나갔다.

"야, 최불통! 같이 가자."

내가 불통이 뒤를 경보 선수처럼 뒤뚱거리며 쫓을 때였다.

"쉿, 잠깐!"

앞장서서 가던 불통이가 갑자기 집게손가락을 입술에 대고 말했다.

"뭔데?"

"저쪽을 봐."

불통이가 손가락으로 가리킨 곳에는 집이 하나 있었다. 뭔가 구경거리가 있는지 집 앞에는 사람들이 모여 웅성거리고 있었다.

"여기가 이 숲의 끝인가 봐. 집이 있어!"

"우리도 가 보자."

"이런 옷으로 사람들 앞에 나서면 금방 눈에 띌 텐데."

우리는 몰래 집 뒤로 숨어 들어가 빨랫줄에 걸린 옷 몇 개를 슬쩍했다. 고대 여자들이 입던 옷을 입으니 내가 진짜 고대 여자가 된 듯한 느낌이 들었다.

고대 여자들의 옷맵시

고대 여자들도 요즘처럼 자기만의 개성에 맞게 옷을 입었어. 그때 유행을 이끌던 여자들은 주로 귀족 여자들이었어. 고구려 여자들은 빛깔이 없는 주름치마에, 허리까지 내려오는 긴 두루마기에는 화려한 선을 넣었어. 또 어떤 귀족 여자들은 땡땡이 무늬를 새긴 바지를 입기도 했고, 바지 위에 치마를 덧입기도 했지. 머리는 주옥으로 장식을 하기도 했어.

화장을 하는 법은 나라마다 조금씩 달랐어. 고구려 여자들은 요즘처럼 얼굴에 화장을 했고, 신라 여자들은 화장을 하지 않는 대신 볼에 빨간 빛깔이나 분홍 빛깔로 연지를 찍었단다.

"제발 요석 양과 같이 있게 해 주십시오!"

신랑 차림새를 한 남자가 문 밖에 무릎을 꿇고 앉아 간청을 하고 있었다.

"이 집이 미라의 조상인 요석이라는 여자가 사는 집이 맞나 보다."

우리는 구경하는 사람들 틈에 끼어 요석이 나타나기만을 기다렸다.

"장인어른! 장모님! 제발 요석 양과 같이 있게 해 주십시오!"

신랑이 거의 울부짖다시피 말을 해도 신부 쪽에서는 아무런 대답이 없었다.

"신랑이 아주 애가 탔네."

"신랑! 그렇게 해서 어디 신부 집 문을 열 수 있겠어? 더 큰 소리로 외쳐야지."

구경꾼들은 재미있다는 듯이 깔깔거리며 한마디씩 말을 보탰다. 사

람들이 웃는 걸 보니, 신랑이 무슨 잘못을 저질러서 무릎을 꿇은 건 아닌 듯싶었다.

그때 신부 집의 문이 활짝 열렸다.

"일어나게. 자네는 오늘부터 내 집의 사위일세. 자, 들어오게."

신부의 아버지는 신랑을 일으켜 안으로 데리고 들어갔다. 사람들은 좋은 구경거리를 놓칠세라 우르르 따라 들어갔다. 우리도 구경꾼 사이에 끼어 안으로 들어갔다.

신부 집으로 들어간 신랑이 준비한 돈과 비단을 내어놓자 신부의 아버지가 집 뒤쪽으로 신랑을 이끌었다.

"자, 이곳이 바로 자네가 머물라고 새로 지어 놓은 사윗집일세. 여기서 아기를 낳고, 아이가 다 자라면 자네 집으로 내 딸과 아기를 데리고 가게나."

"네, 장인어른."

당연한 얘기지만 나는 이때 처음으로 고대 사람들의 혼인식을 보았다. 난 옛날 사람들은 혼인을 하면 여자가 남자 집으로 들어가서 사는 줄로만 알았다. 그런데 여기서는 오히려 남자가 여자 집에 살다가 아이를 낳고, 그 아이가 커야 남자 집으로 여자와 아이를 데리고 갈 수 있다니 놀라울 따름이었다. 여자라면 오히려 이때가 더 살기 좋았겠구나, 하는 생각까지 들었다.

"진희야, 저쪽을 봐."

최불통이 가리키는 곳을 보니 신부가 방 안으로 들어가고 있었다.

"이제 어떻게 하지?"

난 부적을 손에 들고 불통이 얼굴을 바라보았다. 불통이는 어깨를 한 번 으쓱하더니 눈을 치켜뜨고 고개를 두리번거렸다. 그러는 사이 구경꾼들은 하나 둘 떠나고 있었다.

"진희야, 저기 마루 밑으로 몸을 숨기자."

우리는 마루 밑으로 몸을 숨긴 채, 구경꾼들이 다 돌아가기를 기다렸다. 이윽고 시끌벅적하던 구경꾼들도 모두 돌아가고, 사윗집에도 불이 꺼졌다.

"이제 어떻게 하지?"

"뭘 어떻게 해? 요석이라는 여자 엉덩이에 이 부적을 붙여야지."

"그건 알겠는데, 어떻게 부적을 붙이냐고?"

나는 갑자기 화가 치밀어 올랐다. 미라는 왜 하필 엉덩이에 붙이라고 한 거야? 손이나 등 같은 데 붙이라고 했으면 좀 더 쉬웠을 텐데…….

우리는 손가락에 침을 발라 문창호지에 구멍을 뚫고 조심스럽게 안을 살폈다. 숨소리가 일정하게 들리는 것으로 보아 신랑과 신부는 깊이 잠이 든 것 같았다. 우리는 어둠 속을 더듬거리며 겨우 방 안으로 들어갈 수 있었다.

하지만 문제는 그때부터였다. 달빛 한 점 없는 밤이어서 누가 누구인지 구분할 수가 없었다.

"어느 쪽이 신부지?"

"모르겠어."

우리는 귓속말을 주고받으며 방바닥 쪽을 뚫어져라 바라보았다.

"할 수 없지 뭐. 내가 확인해 볼게."

"어떻게? 너 지금 여자 엉덩이를 만져 보겠다는 거야?"

"그럼 어떻게 해? 다른 방법이 뭐 있냐?"

나는 불퉁이 손에서 부적을 빼앗았다.

"내가 해 볼게."

부적을 손에 들고 조심스럽게 다가가는데, 갑자기 다른 걱정이 불쑥 떠올랐다.

'혹시 남자 엉덩이면 어떻게 하지?'

풍선을 만지듯 살며시 엉덩이에 손을 댔다. 다행히 여자 엉덩이인 듯했다. 엉덩이에 부적을 막 붙이려고 할 때였다.

"네 이놈! 무엄하구나."

갑자기 신부가 몸을 벌떡 일으켜 소리를 질렀다. 난 그 자리에서 얼어붙어 버렸다.

"무엄하구나……. 무엄……."

신부는 자꾸 똑같은 말만 되풀이하며 말끝을 흐리고 있었다. 나는 큰맘을 먹고 신부의 얼굴을 바라보았다. 다행히 신부는 잠에서 깨어난 게 아니었다. 신부는 앉은 채로 잠을 자면서 잠꼬대를 하고 있었다.

"후유."

나는 얼른 신부의 엉덩이에 부적을 붙인 뒤, 도망치듯 문을 빠져나왔다.

"헉헉, 빨리 여기서 빠져나가자."

"어디로 가야 하지?"

최불통은 아무 말 없이 삐걱 다리를 가리켰다.

"다리를 넘어서 이쪽 세계로 들어왔으니까 다시 반대로 건너가면 원래 자리가 나오겠지."

우리는 두근두근 떨리는 마음으로 삐걱 다리를 건넜다. 하지만 아무것도 바뀌지 않았다. 미라 발굴 현장을 흐릿하게 밝히던 불빛도 보이지 않았고, 유적을 발굴하려고 선반에 쌓아 놓은 여러 가지 도구들도 눈에 띄지 않았다.

"최불통, 우리가 아까 이쪽 세계로 넘어올 때 뛰어서 왔지?"

"그랬지."

"음……. 시간을 넘나들려면 저 삐걱 다리를 걷지 말고 뛰어서 건너야 하는 것 아닐까?"

"에이, 말도 안 되는 소리."

"밑져야 본전 아냐. 싫으면 관둬. 나 혼자 해 볼 테니까."

불통이는 말로는 싫다면서도 나를 따라 다시 다리를 건너왔다. 우리는 백 미터 출발선에 선 아이들처럼 다리 건너편을 노려보며 뛸 준비를 했다. 아까보다도 심장이 더 크게 쿵쾅거렸다.

"뛰자!"

나는 눈을 질끈 감고 삐걱 다리 쪽으로 있는 힘껏 내달렸다.

부적의 암호를 풀어라

"서, 성공한 거야?"

최불통은 벌겋게 달아오른 얼굴로 나를 바라봤다. 뒤를 돌아보니 삐걱 다리는 처음 봤던 그 모습대로 흙 속에 절반쯤 파묻힌 채였다.

"휴, 그런 것 같아!"

다리 건너 저쪽 세상과 이쪽 세상은 시간도 아주 다르게 흐르고 있었다. 꽤 오랫동안 저쪽 세상을 헤매고 다닌 것 같은데, 이쪽 세상은 겨우 한 시간도 채 흐르지 않고 있었다. 경비 아저씨들은 다른 곳을 순찰하고 있는지 보이지 않았다. 우리는 재빨리 유적지를 벗어나, 마을버스를 타고 집으로 돌아왔다.

이튿날 아침, 난 눈을 뜨자마자 어젯밤 일을 찬찬히 되짚어 봤다.

그러고 보니 그렇게 많이 아프던 머리가 조금 가라앉은 것 같았다.

'첫 번째 숙제를 잘 풀어서 미라의 저주가 조금 약해졌나?'

나는 멍하니 나머지 부적 세 개를 들여다보았다. 땅이 꺼져라 한숨만 푹푹 내쉬고 있는데 불통이한테 전화가 왔다.

"진희야, 지금 빨리 도서관으로 와."

"도서관? 도서관은 왜?"

"저쪽 세상으로 가기 전에 부적에 무슨 얘기가 써 있는지는 알아야지. 거기 나오는 사람이 누구인지 알아야 숙제를 풀 거 아냐. 도서관에 가면 뭔가 있을지도 몰라."

"그, 그럴까?"

"진희 너, 정말 운 좋은 줄 알아라. 나 같은 친구 아니었으면 어쩔 뻔했냐? 쯧쯧."

또 또 또 잘난 체! 그래도 불통이가 있으니까 조금 든든한 건 사실이었다. 나는 못 이기는 척 도서관에 가기로 했다. 최불통은 도서관 어귀 자동판매기 앞에서 나를 기다리고 있었다.

"도서관에 미라의 부적을 다룬 책이 있을까?"

이건 쓸데없는 걱정이었다. 미라 이야기가 나오는 책이 그렇게나 많을 줄은 미처 몰랐다. '미라의 저주' '미라 따라잡기' '미라의 비밀을 찾아라!' '미라도 모르는 미라 이야기'……. 하지만 아무리 찾아봐도 미라의 부적을 다룬 책은 보이지 않았다.

　책을 찾다 지친 우리는 도서관에 있는 컴퓨터 검색창에 '미라 부적'이라고 쳐 보았다.
　"앗! 하나 있어. '미라의 부적, 그것이 알고 싶다'란 책이야."
　그 책은 도서관의 맨 구석진 책꽂이 맨 밑에 반대로 뒤집힌 채 꽂혀 있었다. 책을 집어 몇 장을 넘기자 먼지가 풀풀 날렸다.
　"콜록콜록! 무슨 도서관 책에 이렇게 먼지가 많아."
　나는 코를 틀어막으며 차례를 살펴봤다.
　"앗, 여기 있다. 미라의 부적에 새겨진 글씨 읽는 법!"
　아마 그때처럼 공부를 했다면 나는 벌써 전교 일등도 하지 않았을

까? 우리는 정말 눈 한번 깜박이지 않고 책을 봤다.

"휴, 드디어 알아냈다. 두 번째 부적에 나오는 여자는 고려 시대 사람이야. 이름은 '버들'인데?"

"그래? 그럼 내일 바로 갈까?"

"이번 주는 학원 시험이라 바쁜데……."

"맞다. 나도 시험 보는데. 시험 끝나면 천천히 가자."

책을 덮고 막 자리에서 일어서려고 할 때였다. 갑자기 또 머리가 깨질 듯이 아파 왔다. 머리에 화살 수십 개가 꽂혀도 그보다는 안 아팠으리라.

"아, 또 시작이다."

"나도 아파 죽겠어."

우리는 머리를 움켜쥔 채 다시 바닥에 주저앉았다.

"지, 진희야. 하루라도 빨리 미라의 저주를 푸는 게 좋을 거 같아."

"그래. 그게 좋겠어."

그러자 거짓말처럼 통증이 사라졌다.

"어? 갑자기 괜찮아졌어."

"나도."

"혹시 미라가 우리 얘기를 엿듣고 있는 게 아닐까?"

"에이, 설마."

"아니야. 그렇지 않으면 어떻게……."

며칠 뒤, 불통이와 나는 미라 발굴 유적지에 가려고 마을버스를 탔다. 버스 안에는 불통이와 나 그리고 기사 아저씨 이렇게 딱 셋밖에 없었다. 라디오에서 태풍이 온다는 뉴스가 흘러나오고 있었다.

"태풍이 곧 우리나라를 덮칠 것으로 보입니다. 많은 비와 바람을 품은 이번 태풍은 한반도에 큰 피해를 줄 것으로……."

그때 갑자기 라디오 뉴스가 뚝 끊겼다.

"아저씨, 라디오 고장 났어요? 왜 소리가 안 들리죠?"

기사 아저씨는 내 말이 하나도 안 들리는 듯 앞만 바라보고 있었다. 운전대를 움직이는 몸짓이 마치 태엽을 감아 움직이는 인형처럼 어색했다.

"저, 아저씨."

그래도 기사 아저씨는 아무런 대꾸가 없었다.

'귀가 안 들리시나?'

나는 고개를 갸웃거리며 거울에 비친 기사 아저씨의 얼굴을 살펴봤다. 마네킹처럼 아무런 표정도 없는 희멀건 얼굴이었다.

'이상한 기사 아저씨네······.'

마을버스는 미라 발굴 유적지 앞에 우리를 내려놓았다. 우리가 내리자 마을버스는 아예 버스 안의 불까지 다 꺼 버린 채 스르르 문을 닫았다.

"진희야, 빨리 가자. 왠지 기분 나쁜 버스야."

그때 갑자기 바람이 몰아닥쳤다.

"끙, 날씨마저 우리를 안 도와주는구나."

미라 발굴 유적지는 지난번에 왔을 때보다 조금 더 많은 것들이 드러나 있었다.

"앗, 미라의 무덤이 덮여 있어."

미라가 묻혀 있는 무덤은 파란빛 천막으로 꽁꽁 덮여 있었다. 태풍이 온다는 소식에 비를 맞게 하지 않으려고 그런 것 같았다.

"진희야, 미라가 아직 저기 있는지 확인해 볼까?"

우리는 살금살금 미라가 묻혀 있는 곳으로 다가갔다. 미라에 가까

워질수록 속이 점점 울렁거렸지만 궁금증을 참을 수 없었다.

"최불통, 네가 들춰 봐."

"왜 이런 일은 나만 시키는 거야?"

"뭐야? 겁나서 그래? 그럼 내가 하지 뭐."

"아, 알았어."

불통이는 허리를 숙이고 팔을 내밀어 조심스럽게 천막을 들췄다.

"어, 어, 없어."

"뭐가?"

"미라가 없어졌다고!"

"뭐?"

나는 혹시 미라가 등 뒤에 숨었나 하고 잔뜩 숨을 죽였다. 그리고 확 뒤를 돌아보았다.

"없어. 아무 데도 없어. 도대체 어디로 갔지?"

"지금쯤이면 발굴을 다 마치고 박물관에 가 있을지도 몰라."

"그런가?"

마음을 가라앉히고 둘레를 꼼꼼히 살펴보니 여기저기에 깨진 도자기 조각이 널려 있었다.

"음……. 이번에는 고려 시대 유적을 발굴했나 본데?"

"그걸 어떻게 알아?"

"쯧쯧, 곳곳에 고려청자 조각들이 보이잖아."

최불통은 마치 공부 못하는 아이를 가르치는 선생님 같은 말투로 말했다. 흥, 정말 밥맛이라니까!

얼마 뒤, 우리는 삐걱 다리 위에 섰다. 문득 지난번에 저쪽 세상에서 만난 '요석'의 모습이 떠올랐다. 요석 덕분에 고대 여자들이 어떻게 살았는지 대강 알 수 있었다. 이번에는 두 번째 숙제를 하러 고려 시대 여자인 '버들'을 만나러 가야 한다. 버들은 어떤 여자일까? 그리고 어떻게 살고 있을까?

마침 때를 기다렸다는 듯이 비바람이 세차게 몰아쳤다. 나는 훅 하고 숨을 한 번 몰아쉬고, 입을 꽉 다물었다. 우리는 비바람을 뚫고 다리 건너편으로 힘껏 달리기 시작했다.

고대 여성들의 지위

아주 먼 옛날에는 이곳저곳을 떠돌아다니며 열매를 따거나 사냥을 해야 먹을 것을 구할 수 있었어. 여자들은 주로 나무 열매를 따고, 남자들은 사냥을 했지. 이때는 하는 일에 따라 남자와 여자의 지위가 달랐어. 아무래도 사냥을 해서 먹을 것을 주로 구하는 부족에서는 남자들의 지위가 더 높았고, 그렇지 않은 부족 사이에서는 여자들 지위가 더 높았겠지.

이윽고 신석기 시대에 농사를 짓기 시작하면서 여자들의 지위가 한층 높아졌어. 여자들은 농사를 지을 뿐만 아니라 밥을 먹는 그릇도 만들었어. 옷을 만드는 일도 여자들이 했지. 여자들 하는 일이 정말 많았어.

하지만 청동기 시대로 넘어오면서 형편이 확 달라졌어. 그건 바로 전쟁 때문이었지. 이때 사람들은 청동으로 무기를 만들어 전쟁을 하기 시작했어. 부족들이 뭉쳐 '나라'가 생겨났고, 이웃 나라와 전쟁을 해서 땅을 넓히는 것을 아주 중요하게 생각했거든. 물론 전쟁에 나가 싸우는 건 주로 남자들 몫이었어. 이 때문에 남자들의 지위가 높아지게 된 거야.

또 농사 기술이 발달한 것도 남자들의 지위가 높아지는 데 한몫을 했어. 땅을 파고 가는 여러 가지 농사 도구들을 다루려면 힘이 세야 하잖아.

그렇다고 해서 여자들의 지위가 조선 시대처럼 낮아진 건 아니야. 고대 여자들은 일자리도 가질 수 있었고, 남자처럼 경제력도 있었지. 아이들을 기르면서 남자들과 함께 농사를 짓고, 나라에서 큰 공사를 하면 여자들도 일을 하러 갔어. 나라에서는 여자와 남자를 똑같은 일꾼으로 여겼으니까 말이야. 더구나 그 시대 집안에서는 남자보다는 여자들이 중심이었지. 남자는 함부로 집안일에 간섭할 수 없었어. 작은 일에서부터 집안의 중요한 결정까지, 대개는 여자들이 맡아서 했어.

손변의 재판

신기하게도 다리를 건너자마자 언제 그랬냐는 듯 비바람이 딱 멈췄다. 파란 하늘은 구름 한 점 없이 맑았다. 벌써 두 번째 겪는 일이지만 생각하면 할수록 신기했다.

"그나저나 버들이라는 여자를 어디서 찾지?"

나는 부적을 들고 둘레를 살폈다. 최불통은 이때를 놓칠세라 또 아는 척을 했다.

"진희야, 우리가 지금 온 곳은 고려 시대가 확실해. 길을 걸어 다니는 저 여자들의 옷을 좀 봐. 폭이 넓은 저고리를 여러 겹으로 감싸서 입었잖아. 치마도 폭이 넓고 길어. 땅에 질질 끌릴 만큼 기다란 머리쓰개를 하고 있는 여자도 있잖아? 저건 '몽수'라고 하는 거야. 손에

든 부채도 보이지? 아마 옷자락 속에는 향주머니도 차고 있을 거야. 이런 옷차림은 고려 시대 여자들 사이에서 유행했지."

불통이 얘기를 다 듣고 나니 또다시 버들이란 여자를 어디서 찾아야 할지 막막함이 밀려왔다. 부적에는 버들이란 여자가 사는 곳이 동래골이라고 적혀 있었다. 하지만 동래골이 다 그 여자의 집은 아니지 않은가?

한참을 걷다가 지칠 대로 지친 우리는 길바닥에 털썩 주저앉아 멍하니 지나가는 사람들만 바라보고 있었다. 바로 그때 우리 곁을 지나는 사람들의 목소리가 귀에 쏙 들어왔다.

"오늘 버들이 남동생이 버들이한테 송사를 걸었다며?"

"그렇다네. 몇 해 전 버들이 남매 아버지가 세상을 떠나면서 재산을 몽땅 누나한테만 물려준다고 유서를 남겼대. 그리고 아들한테는 아 글쎄! 검은 빛깔 옷 한 벌, 모자 하나, 신발 한 켤레, 종이 한 장만 남겨 주었대. 그래서 남동생이 억울하다고 송사를 낸 거야."

"누가 재판을 한다던가?"

"고려 으뜸 재판관 손변이래."

"친남매간의 송사라! 거 볼 만하겠군. 좋은 구경거리가 되겠어."

"야, 최불통. 너도 지금 들었지?"

"들었어. 빨리 저 사람들을 따라가 보자."

조금 뒤 둘은 재판이 열리고 있는 관아에 다다랐다.

"딸과 아들이 다 똑같은 자식인데 어째서 누님만 혼자 부모님의 재산을 물려받고 제겐 나누어 주지 않는단 말입니까? 정말 억울합니다. 흑흑."

땅바닥에 무릎을 꿇고 앉은 남동생이 재판관 손변한테 하소연을 하고 있었다. 손변은 아무 말 없이 한 손에 부채를 든 채 지그시 눈을 감고 있었다. 이번엔 누나가 입을 열었다.

"아버지께서는 모든 재산을 저한테 주신다고 유서에 밝혔습니다. 그러니 무슨 말이 더 필요하겠습니까? 아버지의 재산은 마땅히 모두 제가 물려받아야 맞습니다."

재판을 맡은 손변은 여전히 아무 말이 없었다. 구경꾼들은 모두 손변의 입이 열리기만을 기다리고 있었다.

"야, 최불통. 어째 뭐가 좀 거꾸로 된 거 같지 않냐? 옛날에는 아들만 귀하게 여겨서 딸한테는 재산을 물려주지 않았잖아. 혼인을 하면 출가외인이라고 해서 친정 문턱에도 잘 드나들지 못했다고 하던데……."

나는 사람들한테 들킬까 봐 속삭이듯 말했다.

"맞아. 그런 시절이 있기는 있었지. 그런데 그건 고려 때가 아니야. 지난번에 너도 봐서 알겠지만 고대에는 더더욱 아니었지."

"그럼 그게 언젠데?"

"지금으로부터 삼백 년 전쯤인 십칠 또는 십팔 세기쯤. 그전까지는 그렇지 않았어."

"그전까지는 어땠는데?"

바로 그때 손변의 목소리가 들려왔다. 날카로운 눈매답지 않은 묵직한 목소리였다.

"너희 아버지가 죽을 때 어머니는 어디에 계셨느냐?"

"어머니는 일찍 돌아가셨습니다."

"그래? 그럼 그때 너희는 몇 살이었느냐?"

"저는 혼인을 했고 동생은 여덟 살이었습니다."

이야기를 다 들은 손변은 손에 들고 있던 부채를 쫙 펼치며 말했다.

"내가 너희 아버지의 뜻을 알려주겠노라. 만약 너희 아버지가 유언을 안 남겼다면 어떻게 되었겠느냐?"

"……."

"고려의 법과 관습에 따라 너희 남매는 재산을 똑같이 절반씩 나누었을 것이다. 너희도 알다시피 우리 고려에서는 자식한테 재산을 물려줄 때 아들딸 가리지 않고, 맏이나 막내나 다 똑같이, 혼인을 했든 안 했든 상관하지 않고 똑같이 나눠 주어야 한다."

손변은 잠깐 뜸을 들였다가 다시 말을 이었다.

"만약 너희 아버지가 유언을 안 남겼다면 너희는 똑같이 재산을 절반씩 나누어 가졌겠지. 하지만 아들은 아직 나이가 어린 탓에 자기 몫으로 받은 재산을 잘 관리하지 못했을 게다. 또 혼인한 누나가 남동생을 꼼꼼히 보살펴 주기도 쉽지 않았겠지."

"……."

누나와 남동생은 고개를 푹 숙인 채 아무 말 없이 손변의 말을 듣고 있었다.

"그런 까닭으로 너희 아버지는 죽으면서 모든 재산을 누나한테 물려준 것이다. 여덟 살밖에 안 된 아들한테 돈이 있어 봐야 무슨 소용이 있겠느냐?"

구경꾼들은 너나 할 것 없이 고개를 끄덕이고 있었다.

"너희 아버지는 앞날을 훤히 내다보고 유서를 쓰신 것 같구나. 아들이 다 자라면 물려받은 종이에 억울한 일을 적어, 검은 옷을 입고, 모자를 쓰고, 신발을 신고 관아에 가라고 귀띔을 주신 게야. 관아에 가서 송사를 걸면 이 문제를 해결해 줄 사람이 있을 거라고 여기신 게지. 이래도 돌아가신 아버지가 왜 그 네 가지 물건을 너한테 남겨주었는지 아직 모르겠느냐?"

손변은 아들을 한번 바라보더니, 부채를 접어 자기 손바닥을 딱 소리가 나게 쳤다.

"너희 아버지는 아들이 다 자라면 누나한테 준 재산을 절반씩 사이좋게 나누어 가지기를 바라신 것 같은데, 너희 생각은 어떠냐?"

손변의 말을 들은 남매는 마주 보며 울음을 터뜨렸다.
"아이고, 나리. 남동생과 재산을 절반씩 나누겠습니다."
누나의 말에 구경꾼들은 여기저기서 박수를 치며 한마디씩 했다.
"과연 훌륭한 재판관이야!"
"누나도 보통 착한 아이가 아니지. 지금까지 아버지 제사를 한 번도 안 빼놓고 정성껏 다 모셨대."
"하긴, 요즘은 재산 상속뿐만 아니라 제사를 모시는 데도 아들딸 구별이 없잖아. 형제들이 돌아가면서 모셔도 되고, 아들이 없으면 딸이 모셔도 되지."

"암, 당연하지."

"엥? 고려 시대에는 딸도 제사를 모셨나 봐?"

내 말이 끝나자마자 최불통은 또 헛기침을 했다. 불통이는 자기가 뭔가 잘 아는 것을 이야기할 때면 꼭 할아버지처럼 헛기침을 하는 버릇이 있다.

"응, 고려는 남녀가 평등한 시대였어. 너, 이건 알았어?"

나는 아무 말도 안 하고 딴청을 부렸다. 불통이는 잔뜩 신이 난 듯 말을 이어 나갔다.

"고려 시대에는 여자도 호주가 될 수 있었어. 호적이나 족보에 이름을 기록할 때도 아들딸 가리지 않고 태어난 차례대로 기록했지. 자녀 수를 말 할 때도 요즘처럼 '몇 남 몇 녀'라고 하지 않고 딸이 먼저 태어났으면 '몇 녀 몇 남'이라고 말했대."

불통이의 말이 사실이라면, 나는 뭘 잘못 알고 있어도 한참 잘못 알고 있었던 것 같다. 난 그동안 옛날 여자들은 모두 남자보다 못한 대우를 받고 살았다고 생각했다. 그런데 그게 아니었다. 고려 시대 여자들은 남자들과 똑같은 대우를 받으며 살았을 뿐만 아니라 집안 밖에서도 당당하게 자기 목소리를 낼 수 있었던 것이다. 정말 놀라울 따름이었다.

'그런데 무슨 까닭으로 갑자기 여자들이 남자들보다 못한 대우를 받게 된 거야?'

정말 궁금했다. 하지만 최불통한테 물어볼 수는 없었다. 나도 자존심이 있지. 흥!

고려 시대에는 딸이 인기 짱!

'호주제'라는 말을 들어 본 적이 있지? 호주제는 남자만을 한 집안의 주인으로 인정하는 제도야. 호주제는 오랫동안 지켜져 오다가 2008년 1월 1일에 없어졌어. 그전까지 호주제를 없애자는 여성 단체와, 호주제를 없애면 안 된다고 주장하는 보수 단체가 팽팽하게 맞서 왔지. 호주제를 지켜야 한다고 말한 사람들은 호주제가 조상 대대로 이어 온 우리 전통이기 때문에 없애서는 안 된다고 주장했어.

하지만 호주제가 생긴 건 사실 몇 백 년밖에 안 돼. 우리 조상들은 아주 오랫동안 아버지와 어머니의 핏줄을 모두 중요하게 여기며 살았어. 고려 시대에는 어머니가 호주가 되기도 했지. 수십 년 전까지만 해도 혼인한 여자들은 보통 남자 집에 들어가 시집살이를 했어. 요즘에도 꽤 있지. 그런데 고려 시대에는 혼인을 하면 남자가 여자 집으로 가서 거기서 자식을 낳고 키웠어. 이런 풍습은 고대 삼국 시대부터 전해 내려왔어.

그래서 고려 시대에는 딸이 인기였어. 딸이 크면 든든한 사위를 데려왔으니 말이지. 부부 관계에서도 아내가 남편한테 얽매여 사는 법은 없었어. 혼인한 여자도 친정에서 물려받은 자기 몫의 재산이 있었기 때문이야.

공녀 소동

우리는 버들 아줌마의 뒤를 따라가며 엉덩이에 부적 붙일 기회만 잔뜩 엿봤다. 당연히 그건 쉬운 일이 아니었다.

'어유, 생각할수록 짓궂은 미라야. 부적을 하필 엉덩이에 붙이라니…….'

바로 그때였다. 저만치에서 관복을 입은 관리들이 방을 붙이고 있는 모습이 보였다.

"무슨 방이지?"

마침 버들 아줌마도 걸음을 멈추고 벽에 붙은 방을 읽고 있었다.

"이때다. 좀 더 가까이 다가가자."

우리는 방을 읽는 척하며 버들 아줌마의 양쪽에 자리를 잡고 말을 붙여 보았다.

"아, 안녕하세요?"

"처음 보는 아이들이구나. 왜 나한테 무슨 할 말이라도……?"

"네? 그, 그게……. 그러니까……."

불통이가 말을 더듬거리자 내가 나섰다.

"아줌마, 저 방에 뭐라고 써 있는 거예요?"

이럴 때 보면 나도 꽤 순발력이 있단 말이야!

"쯧쯧, 시집 장가갈 나이가 다 된 녀석들이 아직 글도 못 읽다니……."

버들 아줌마는 한심하다는 듯 우리를 바라봤다.

"야, 이게 무슨 소리냐? 시집, 장가를 갈 나이라니?"

내가 귓속말로 속삭이자 최불통이 씩 웃으며 말했다.

"고려 시대에는 아주 어릴 때 혼인을 하는 조혼 풍습이 있었어. 사회 시간에 배운 적이 있을 텐데?"

"아, 생각난다! 맞아. 고려 시대에는 그런 풍습이 있었지."

물론 나는 생각이 나지 않았다. 이럴 줄 알았으면 사회 공부 좀 열심히 해 둘걸.

"읽어 줄 테니까 잘 들어 보렴."

우리는 그 틈을 타서 버들 아줌마한테 좀 더 바짝 붙었다.

"혼인 금지령! 오늘부터 열한 살에서부터 열다섯 살까지 여자는 반드시 관아에 신고한 뒤에 혼인을 해야 한다."

"네? 혼인 금지령이라니요? 나라에서 왜 그런 명령을 내렸대요?"

혼인 금지령이라는 말에 나는 부적을 붙여야 한다는 것도 까맣게 잊고 쓸데없는 물음을 던지고 말았다.

"너희, 혼인 금지령도 몰라?"

버들 아줌마는 수상하다는 듯이 우리를 머리끝에서부터 발끝까지 훑어봤다.

"하하, 저희가 실은 집이 산속 깊은 곳에 있어요. 아버지가 산삼을 캐는 심마니이거든요. 그래서 어려서부터 세상 소식을 거의 못 듣고 자라서……. 헤헤."

급하니까 거짓말이 술술 튀어나왔다.

"그래? 그럼 너희, 전쟁에서 이긴 원나라가 우리 고려에 공녀를 보내라고 요구한 것도 모르겠구나?"

혼인금지령
오늘부터 열한 살부터 열다섯 살까지 여자는 반드시 관아에 신고 뒤 혼인할 것.

"예. 공녀요? 공녀가 뭔데요?"

우리는 눈을 동그랗게 뜨고 버들 아줌마 얼굴을 올려다봤다. 버들 아줌마는 조금 쓸쓸한 얼굴로 말했다.

"우리 고려와 벌인 전쟁에서 이긴 원나라는 한 해에 몇 차례씩 예쁜 고려 처녀들을 뽑아 갔는데, 이렇게 강제로 끌려간 처녀들을 '공녀'라고 한단다."

버들 아줌마는 말이 길어질 참인지, 아예 쪼그리고 앉아 다시 말을 이어 나갔다.

"몇 달 전에도 왕실 여자에서부터 서민 여자까지 10만도 넘는 여자들이 원나라로 끌려갔어. 나라에서는 따로 관청까지 만들어서 전국 곳곳에서 여자들을 끌고 갔지."

버들 아줌마는 그때 일이 생각난 듯 깊은 한숨을 쉬었다.

"이 때문에 열 살도 채 안 된 여자아이를 서둘러 혼인시키는 조혼 풍습이 생겨난 거야. 그러자 나라에서는 혼인 금지령을 내리고, 열한 살에서부터 열다섯 살까지 처녀가 혼인을 하려면 반드시 관청에 신고를 하게 했어. 이를 어기고 몰래 혼인하면 벌을 내린단다."

우리는 버들 아줌마의 얘기가 너무 놀라워 부적을 붙여야 한다는 사실도 까맣게 잊고 있었다.

그때 갑자기 곁에 서 있던 사람들이 웅성거리더니, 어디론가 우르르 달아나기 시작했다.

"어, 왜들 저러지?"

"아이코! 너희도 빨리 자리를 피해야겠다."

"왜요? 무슨 일이라도 났나요?"

"또 공녀를 잡아가려나 보다. 너는 여자잖아! 그럼 빨리 도망쳐야지. 잡히면 공녀로 끌려갈지도 모른단다."

버들 아줌마는 걱정스러운 눈으로 나를 바라보며 따라오라는 손짓을 했다.

"히히, 진희야, 너 잘하면 원나라로 시집갈 수 있겠다. 하긴, 열두 살이면 혼기가 꽉 찬 나이지. 암!"

최불통은 아주 재미있는 일이라도 생겼다는 듯 키득키득 웃어 댔다.

"너, 혼 좀 나 볼래?"

내가 눈을 치켜뜨며 주먹을 꽉 쥐어 보여 주자 최불통은 입을 삐쭉 내밀었다.

"얘들아, 이쪽으로!"

버들 아줌마는 좁은 골목으로 들어서며 따라오라고 손짓을 했다.

"거기 서라."

어디서 나타났을까? 어느새 군사들이 우리 뒤를 바짝 쫓고 있었다.

"멈춰라!"

"얘들아, 어서 뛰어!"

우리는 버들 아줌마를 쫓아 앞만 보고 달렸다. 막 골목을 벗어나 언덕으로 올라갈 때였다. 앞서가던 버들 아줌마가 돌부리에 걸려 넘어졌다. 나는 기회라는 걸 눈치챘다. 군사들한테 쫓기는 급한 상황이었지만, 이렇게 좋은 기회를 놓칠 수는 없었다. 나도 돌부리에 걸려 넘어지는 척하며 버들 아줌마의 엉덩이에 부적을 붙였다. 후유, 드디어 숙제 성공!

"괜찮으세요, 아줌마?"

"응, 다리를 삐어서 더는 못 도망가겠구나."

"그럼 어떻게 하죠?"

"나는 괜찮다. 나야 혼인을 한 몸이니까 공녀로 잡혀가지는 않을 거야. 하지만 네가 걱정이구나. 얼른 멀리 달아나렴."

버들 아줌마는 내 등을 밀었다. 우리는 인사도 하지 못한 채 언덕 위로 뛰어 올라갔다. 언덕 아래로 멀리 삐걱 다리가 보였다. 우리는 눈덩이가 언덕을 구르듯 언덕을 내려왔다. 우리가 입은 옷은 걸레처럼 더러워져 군데군데 찢어진 데도 있었다.

겨우 다리에 다다른 나는 잠깐 뒤를 돌아봤다. 다행히 군사들은 쫓아오지 않고 있었다. 아무 소리도 들리지 않았다.

"헉헉, 버들 아줌마는 괜찮을까?"

"괜찮을 거야."

"네가 어떻게 알아?"

"버들 아줌마는 미라의 조상이잖아. 그 얘기는 버들 아줌마가 이곳

에서 자식을 낳았다는 얘기니까 원나라의 공녀로 잡혀가지 않았다는 말이지."

"그렇구나. 그럼 빨리 다리를 건너자."

삐걱 다리를 건너자 갑자기 우르릉 쾅 하고 번개가 치더니 거센 비바람이 얼굴을 때렸다. 숨을 쉴 수조차 없는 비바람이었다. 양동이로 쏟아 붓는 것처럼 비가 세차게 내리고 있었다. 유적 발굴 현장을 비추던 조명도 바람에 날아갔는지 보이지 않았다. 유적지를 관리하는 경비 아저씨들도 안 보였다.

우리는 미라 발굴 유적지에서 벗어나 마을버스에 올라탔다. 이곳으로 올 때 보았던 그 기사 아저씨가 여전히 표정 없는 얼굴로 버스를 운전하고 있었다. 워낙 비가 거세게 내리는 바람에 앞이 거의 안 보였지만 기사 아저씨는 아무렇지도 않다는 듯 빠른 속도로 버스를 몰았다. 우리는 맨 뒷자리에 앉아 오들오들 떨며 빨리 집에 도착하기만을 기다리고 있었다.

전쟁이 뒤바꾼 고려 여인들의 삶

세계에서 가장 강한 군대를 지닌 원나라와 동쪽의 작은 나라 고려는 30년도 넘게 여섯 차례나 전쟁을 치렀어. 고려는 원나라에 당당히 맞섰어. 원나라의 침략을 받고 나라를 보존한 것은 세계에서 고려밖에 없단다.

하지만 고려는 더는 전쟁을 치를 힘이 없었어. 원나라에 전쟁을 그만 끝내자고 제안했지. 이때부터 고려는 100년 동안 원나라의 지배와 간섭을 받아야 했어.

고려의 왕은 원나라 공주와 혼인을 해야 했고, 고려 여자들은 강제로 공녀로 뽑혀 원나라에 가야 했어. 왕이 될 세자는 원나라에 가서 그곳 교육을 받았지. 전쟁은 고려 여자들의 삶을 바꾸어 놓았어. 군사들이 집집마다 뒤지며 여자를 잡아갔어. 식구들과 억지로 헤어질 때는 옷자락을 붙잡고 울부짖었지. 끌려가지 않으려고 스스로 목을 매는 여자도 있었고, 우물에 빠져 죽는 여자도 있었다고 해.

이처럼 고려 시대 여자들은 원나라와 치른 전쟁으로 아주 큰 고통을 당했어. 전쟁이 일어나면 누구나 고통스러워. 그 가운데에서도 힘없는 아이들과 노인 그리고 여성들은 더 큰 고통을 겪지. 고려 시대 여자들은 전쟁터에 나간 남자 대신 식구들을 먹여 살려야 했고, 아니면 다른 나라로 끌려가 노예가 되는 것과 같은 온갖 수모를 당해야만 했단다.

장옷 입은 여자들

"콜록콜록"

아침에 일어나니, 내 몸이 마치 팔팔 끓는 물에 푹 삶아진 미역처럼 느껴졌다. 어젯밤에 비바람을 맞으며 뛰어다니는 바람에 탈이 난 것 같았다. 나는 엄마 손에 이끌려 동네 병원을 찾았다.

"오늘 벌써 이런 환자가 두 번째네요. 며칠 입원해서 푹 쉬어야 합니다."

의사 선생님 말에 엄마는 한숨을 푹 쉬었다. 나는 고개를 푹 떨구고 아무 말도 못했다.

환자복으로 갈아입고 병실에 들어가 보니, 옆 침대에 최불통이 링거를 맞으며 끙끙 앓고 있었다.

"어, 진희 너도?"

나는 고개를 끄덕이며 억지 웃음을 지었다. 간호사 언니가 나가자마자 나는 나지막한 목소리로 물었다.

"야, 최불통! 설마 우리가 숙제를 잘못 풀어서 미라의 저주가 더 심해진 건 아니겠지? 콜록콜록."

"글쎄……. 제대로 부적을 붙인 것 같은데 왜 온몸이 아픈지 모르겠네. 콜록콜록."

우리는 마치 누가 기침을 더 많이 하는지 내기라도 하는 것처럼 번갈아 가며 하루 종일 기침을 해 댔다.

이튿날 아침, 몸은 한결 나아졌다. 기침도 훨씬 줄어든 것 같았다. 할아버지가 병문안을 온 건 그 날 아침 열 시였다.

"너희 녀석들, 이 할아버지한테 뭐 숨기는 거 없느냐?"

할아버지는 중절모를 고쳐 쓰며 의심스러운 눈으로 우리를 뚫어지게 바라봤다.

"혹시 미라 발굴 유적지에 허락도 없이 들락거린 건 아니겠지?"

"네? 무슨 말씀이세요? 미라 발굴에는 이제 관심 없는걸요."

"그럼 태풍이 치던 날 밤 늦게까지 뭘 했던 거냐? 입고 있던 옷에 진흙이 잔뜩 묻어 있었다고 하던데?"

"실은……."

최불통은 죄를 고백하는 사람처럼 고개를 푹 숙이고 입을 열었다.

바로 그때 문득 미라의 경고가 떠올랐다.

'다른 사람한테 비밀을 말하면 영원히 미라의 저주를 풀 수 없을 거다아아아.'

지금까지의 겪은 일로 볼 때 미라의 말은 절대 장난이 아닐 것이다.

"콜록콜록, 켁켁……."

처음에는 불통이 입을 막으려고 일부러 기침을 했는데, 자꾸 하다 보니까 진짜 끝없이 기침이 나왔다. 당황한 할아버지는 급히 간호사를 부르러 나갔다.

"콜록콜록! 야, 최불통! 너 미쳤어? 미라가 뭐라고 경고했는지 생각 안 나? 콜록콜록!"

"아, 미안! 내가 깜박했네."

한바탕 소동이 끝나자 병실은 다시 조용해졌다.

"아무튼 빨리 병이 낫기를 바라마."

"벌써 가시게요?"

"오늘부터 조선 시대 유적 발굴을 시작했거든. 조선 시대 유적은 이 할아버지가 아니면 제대로 발굴하기 어렵지. 암, 그런 일에는 나 같은 전문가가 있어야 해."

할아버지는 중절모에 손을 살짝 가져다 대며 찡긋 윙크를 하고 돌아섰다.

"야, 최불통. 너도 들었지? 오늘부터 조선 시대 유적을 발굴한대."

"그래? 오늘 밤 삐걱 다리 건너편에서는 조선 시대 귀신들이 잔뜩 다니겠네."

"그렇겠지."

"그럼 이러고 있을 때가 아니잖아."

그날 밤, 미라 발굴 유적지는 다른 어느 때보다 활기차 보였다. 사람들도 훨씬 많았고, 깨진 백자 조각 같은 유물들도 많이 쌓여 있었다. 우리는 좀 더 날이 어두워지기를 기다리며 나무 뒤에 숨어 있었다. 그런데 이게 또 무슨 일이람.

"오늘은 일이 많으니까 야간 작업을 해야겠군. 불만 없지?"

할아버지의 말에 발굴에 참여한 사람들이 기다렸다는 듯 한목소리로 대답했다.

"불만이라뇨? 당연히 그래야죠."

사람들은 삐걱 다리에서 조금 떨어진 곳에서 한창 발굴에 코를 박고 있었다.

"야, 최불통! 이 일을 어떻게 하지?"

"할 수 없지. 몰래 삐걱 다리 쪽으로 가 보자."

우리는 몸을 있는 대로 낮추었다. 그리고 살그살금 삐걱 다리 쪽으로 기다시피 몸을 옮겼다.

"보는 눈이 이렇게 많은데 어떻게 다리를 건넌담……."

최불통은 잔뜩 몸을 웅크린 채 말했다.

"방법은 딱 하나!"

"뭔데?"

"오리걸음으로 잽싸게 건너는 거야."

우리는 오리 걸음 준비를 하고 다리 건너편을 바라봤다. 과연 빠른 오리 걸음으로 저쪽 세상으로 갈 수 있을까?

"한번 해 보자!"

우리는 태어나서 가장 빠른 오리걸음으로 허겁지겁 다리를 건넜다. 삐걱 다리를 건너자마자, 우리는 다리에 힘이 풀려 그 자리에 고꾸라지고 말았다. 최불통은 아예 바닥에 드러누워 가쁘게 숨을 몰아쉬고 있었다. 겨우 기운을 차리고 보니 초가와 기와집이 옹기종기 모여 있는 마을 풍경이 눈에 들어왔다. 텔레비전 사극에서 많이 본 것과 비슷한 걸 보니 조선 시대가 분명했다.

"진희야, 지금은 조선 시대니까 넌 장옷을 입어야 해."

"장옷? 장옷이 뭔데?"

"진희야, 제발 역사 공부 좀 해라. 내가 또 알려 줘야겠어?"

최불통은 기다렸다는 듯이 거들먹거리며 말했다.

"장옷은 남녀 사이 구별이 심하던 조선 시대의 여성들이 입던 옷이야. 조선 시대에는 양반 여성들이 밖에 나갈 때 함부로 얼굴을 드러내고 다니는 걸 점잖지 못하다고 생각했지. 그래서 장옷을 머리부터 둘러쓰고 앞을 여민 채 얼굴만 살짝 드러내고 다녔어."

"음, 그렇구나."

"지금 생각해 보니까 진희 너는 굳이 장옷 같은 건 입지 않아도 될 거 같은데?"

"하긴, 나같이 예쁜 얼굴을 장옷으로 가리는 건 좀……."

"아니, 그게 아니고. 장옷은 양반집 여자들만 쓰는 거잖아!"

"너, 말 다했어?"

"미, 미안 농담이야. 하하."

내가 잔뜩 눈을 부라리자 최불통이 슬그머니 꼬리를 내렸다.

"그나저나 세 번째 부적엔 누가 쓰여 있어?"

"설원이라는 여자야. 사는 곳도 여기서 가까워. 이번 숙제는 아주 쉽게 끝낼 수 있을 거 같아. 부적에 이 마을에서 가장 큰 집이라고 적혀 있는 걸로 봐서는 저기 보이는 양반집인 거 같은데?"

우리는 가벼운 마음으로 마을에서 가장 큰 양반집을 찾아 걸어갔다. 길을 걷다 보니까 정말 장옷으로 온몸을 가리고 다니는 여자들이 눈에 띄었다. 문득 조선 시대 여자들만 장옷을 입고 다니는 까닭이 궁금해졌다.

'내가 그동안 만난 고대, 고려 시대 여자들은 당당하게 삶을 살고 있었어. 장옷 같은 걸로 얼굴을 꽁꽁 가리고 다니는 여자는 하나도 없었지. 그런데

'왜 조선 시대 여자들만 장옷으로 온몸을 가리고 다니는 거지?'

하지만 최불통한테 물어보긴 싫었다.

거드름 피우며 잘난 체하는 꼴을 어떻게 또 본단 말인가? 그때 갑자기 좋은 생각이 떠올랐다.

"야, 최불통. 너 퀴즈 좋아하지?"

"왜? 뭐든지 물어봐."

"그럼 내가 내는 문제를 한번 맞혀 봐."

"좋아."

"왜 조선 시대에 와서 여자들이 장옷을 쓰고 외출을 하게 되었을까?"

"음……. 너, 혹시 몰라서 묻는 건 아니겠지?"

"뭐? 말도 안 되는 소리 하지 말고 빨리 퀴즈나 풀어 보시지? 알아, 몰라?"

"그야 조선 시대 성리학 때문이지."

'성리학? 성리학은 또 뭐지?'

궁금해서 견딜 수가 없었다.

"딩동댕! 좋아 첫 번째 퀴즈는 잘 맞혔어. 그럼 두 번째 문제! 성리학은 조선 시대 여자들한테 어떤 영향을 끼쳤을까?"

최불통은 잠시 생각에 잠기는 얼굴이었다.

"몰라? 다섯 센다. 하나, 둘, 셋, 넷······."

"아, 알아. 조선은 고려와 다르게 중국의 성리학을 받아들여 나라의 기본 정신으로 삼았어. 성리학은 중국에서 들어온 유학의 한 갈래야. 이 성리학이 조선 여자들의 삶을 크게 바꿔 놓았지."

"야, 쓸데없는 소리 하지 말고 답이나 말해. 성리학이 조선 시대 여자들한테 어떤 영향을 미쳤냐고."

"한마디로 성리학이 널리 퍼지면서 조선 사회는 남자 중심이 되었어. 이를테면, 고려 시대 여자들은 재혼이 자연스러운 일이었잖아?"

"그랬지."

"하지만 조선 시대에 와서는 여자는 남편이 죽으면 다시 혼인할 수 없게 되었어. 만약 이를 어기고 재혼을 하면 그 아들은 과거 시험을 볼 수가 없었지. 여자들이 해서는 안 되는 일도 참 많이 생겼어. 고려 시대 여자들은 불교 행사를 마음대로 구경할 수 있었잖아? 하지만 조선 시대에는 여자들이 길에 나와 행사를 구경하는 것을 금했어. 심지어 조선 시대 후기에는 양반집 여자가 산이나 물가에서 놀이나 잔치를 하면 곤장 백 대를 맞는 법까지 생겼지."

"정말?"

아이코! 나도 모르게 되묻고 말았다.

"어? 진희 너, 모르고 있었나 본데?"

"모르긴. 네가 정확히 알고 있는지 확인해 보는 거야. 좋아! 지금까지는 제법 잘 맞히고 있어. 더 말해 봐."

"조선 시대 여자들은 성리학 때문에 엄청난 차별을 받아야만 했지. 양반 여자들은 어려서는 집 안에서 바느질이나 예의범절을 배워야 했어. 혼인한 뒤에는 온종일 집 안에서 종종거리며 일만 해야 했지. 어때? 맞혔지?"

"딩동댕! 너 제법이구나."

조선 시대 여자들의 삶

고려 시대까지는 어머니와 아버지의 핏줄을 모두 중요하게 생각했어. 하지만 조선 시대가 되면서 아버지 핏줄을 중심으로 한 '부계 직계' 제도가 단단히 자리를 잡았어. 이때부터 딸한테는 재산도 안 물려주고, 혼인을 하면 '출가외인'이라고 해서 아예 다른 식구로 대했지. 조상의 제사를 모시는 일도 크게 달라졌어. 고려 시대까지는 남자 여자 안 가리고 형제들이 번갈아 모실 수 있었잖아. 그런데 조선 시대에 와서는 오로지 큰아들만 제사를 모실 수 있게 되었어. 이 때문에 대대로 큰아들로 이어져 내려온 종갓집이 집안의 중심이 되었지.
조선은 점점 아들을 중요하게 생각하는 사회로 바뀌었어. 아들을 못 낳는 여자들은 쫓겨나기도 했어. 조선 시대 여자들은 혼인을 한 뒤, 아들을 낳아야만 제대로 된 대접을 받을 수 있었단다.

열녀의 비밀

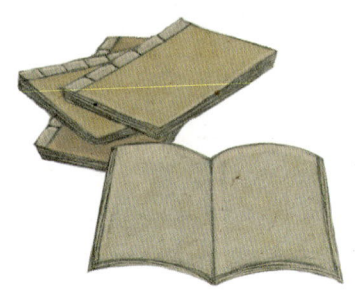

설원 아줌마가 살고 있는 집은 딱 봐도 알 수 있는 양반집이었다.
"와, 담장 높다."
"어떻게 안으로 들어가지?"
아무리 머리를 맞대고 생각해 봐도 안으로 들어갈 수 있는 방법이 없었다.
"에이, 하는 수 없지. 이리 오너라!"
"야, 너 미쳤어? 왜 소리를 지르고 난리야?"
"진희야, 넌 사극도 안 보냐? 원래 조선 시대 양반들은 이렇게 대문 앞에서 소리를 질러 사람을 불렀어."
"누구시오?"

머슴인 듯한 남자가 문을 빼꼼히 열고 물었다.
"저, 저희들은 서, 설원 아줌마를 만나러 왔는데요."
"무슨 일로?"
"그, 그게……."
설원 아줌마 엉덩이에 미라의 부적을 붙이러 왔다고 사실대로 말할 순 없었다.
"기, 김 진사 댁 안방마님께서 긴히 전할 말씀이 있다고 해서 심부름 왔습니다."
미라를 만나고부터 점점 거짓말만 느는 것 같았다.
"김 진사 댁 안방마님께서?"
"예."
"그럼 얼른 가서 전하고 오너라."
마음을 졸이며 막 안채로 들어가려고 할 때였다.
"잠깐, 거기 사내 녀석은 어딜 가려고?"
"저도 함께……."
최불통이 말끝을 흐리자 머슴이 버럭 화를 냈다.
"나이가 몇 살이냐?"
"열한 살인데요?"
"열한 살이면 다 컸는데, 어찌 안채를 들어가려고 해?"
"……."

우리는 머슴의 말이 무슨 뜻인지 몰라 어안이 벙벙했다.

"여자와 남자는 일곱 살 때부터 같이 앉거나 얼굴을 보면 안 된다는 말 알아? 몰라?"

"아, 남녀칠세부동석!"

최불통이 낮은 목소리로 또 아는 척을 했다. 우리는 머슴의 눈치를 보며 느릿느릿 고개를 끄덕였다.

"양반집에서는 남자들이 쓰는 사랑채와 여자들이 쓰는 안채가 나누어져 있다는 거 몰라? 남자는 필요할 때가 아니면 여자 방에 들어가지 않고, 여자도 별일이 없으면 자기 방에서 나오지 않아."

우리는 머리를 푹 숙이고 깊이 반성하는 척했다. 그러자 머슴의 목소리가 한결 나긋나긋해졌다.

"사내인 너는 대문 밖에서 기다리고, 계집아이만 얼른 들어갔다가 나오너라."

나는 눈짓으로 최불통한테 잠깐 여기서 기다리라는 신호를 보내고, 안채로 들어갔다.

안채에 발을 들여 놓자마자 화가 잔뜩 난 남자의 목소리가 들려왔다. 안채에서 싸우는 것으로 봐서 남편과 아내인 것 같았다.

"당장 짐을 싸서 집을 나가시오."

"아니, 제가 무슨 죄를 지었다고 집을 나간단 말입니까?"

"'칠거지악'을 모른단 말이오?"

'칠거지악? 어디서 많이 듣던 말인데…….'

나는 마루에 걸터앉아 잠깐 생각에 잠겼다.

'아! 사회 시간에 배웠지. 조선 시대 여자들은 중요한 잘못을 저지르면 집에서 쫓겨나야 했다고 했어. 그래! 그 일곱 가지 중요한 잘못이 바로 칠거지악이야.'

남편은 점점 더 크게 소리를 지르며 아내를 윽박질렀다.

"혼인한 여자가 시부모님을 잘 모시지 못했을 때, 대를 이을 아들을 낳지 못했을 때, 음란한 말이나 몸짓을 보였을 때, 심하게 질투를 했을 때, 나쁜 병이 있어서 튼튼한 자식을 낳을 수 없을 때, 말이 너무 많아서 집안을 어지럽힐 때, 도둑질을 했을 때 집 밖으로 쫓아격날 수 있다는 걸 모르시오? 당신은 내가 어여쁜 삼월이를 첩으로 들이려고 하자 심하게 질투를 했소. 이건 분명 칠거지악에 해당하는 것이오."

아내는 소리 없이 울고 있었다.

'이건 정말 말도 안 돼. 질투를 하면 아내를 쫓아낼 수 있다고? 나 참! 어이가 없어서……. 게다가 뭐 첩을 두겠다고? 조선 시대 여자들은 정말 억울하게 살았구나.'

아내는 잔뜩 풀이 죽은 채 말했다.

"하지만 아내를 함부로 내쫓지 못하는 삼불거(三不去)도 있지 않습니까? 돌아갈 친정이 없을 때, 아내가 시부모의 삼년상을 함께 치렀을 때, 그리고 아내가 시집온 뒤 집안이 잘살게 되었을 때에는 칠거지악에 해당한다 해도 내쫓지 못하게 되어 있지 않습니까?"

아내의 말 속에는 간절함이 담겨 있었다. 요즘 같았으면 누가 저런 남자하고 살았겠는가? 하지만 조선 시대에는 이혼한 여자는 아무 대접도 제대로 받을 수 없었으니…….

그러나 남편은 다짜고짜 아내를 몰아붙였다.

"듣기 싫소. 당장 나가시오."

한동안 무거운 침묵이 흘렀다. 나는 어찌할 바를 모른 채 문 밖에서 서성이고 있었다.

'어떻게 설원 아줌마 엉덩이에 이 부적을 붙이지?'

바로 그때 설원 아줌마가 문 밖으로 나왔다. 나는 얼른 자리를 피했다. 설원 아줌마는 힘없는 걸음으로 안채를 벗어나 대문 밖으로 걸어 나갔다. 나는 재빨리 그 뒤를 쫓았다. 대문 앞에서 기다리던 최불통이 잔뜩 기대에 찬 목소리로 물었다.

"성공했어?"

나는 말없이 고개를 가로저었다.

"에이, 부적 이리 줘 봐."

부적을 낚아채듯 가져간 최불통은 장옷을 쓰고 걸어가는 설원 아줌마의 뒤를 바짝 쫓았다.

"무슨 좋은 생각이라도 있어?"

"당연하지."

"뭔데?"

최불통의 생각은 그럴 듯했다.

"설원 아줌마가 앉을 만한 곳에 미리 부적을 깔아 놓는 거야. 그럼 저절로 부적이 엉덩이에 붙을 거 아냐."

"좋은 생각이긴 한데, 설원

아줌마가 어디에 앉을 줄 알아야지?"

"따라가면서 기회를 엿보자."

그사이 설원 아줌마는 책방 앞에 멈춰 서서 삼강행실도를 물끄러미 바라보고 있었다. 삼강행실도는 충신, 효자, 열녀 이야기들을 뽑아 그림과 글로 꾸민 책이라고 사회 시간에 들었다. 책방 앞에 걸려 있는 그림은 한 여성이 남편의 시신을 지고 오다가 낯선 남자한테 우연히 한쪽 팔을 잡히자 그 팔을 잘라 내는 모습이었다.

"저게 말이 되냐?"

"조선 시대에는 남편이 죽으면 여자는 남편과 함께 죽거나, 평생 절개를 지키며 혼자 살아야 한다고 생각했대. 남편을 따라 죽은 여자들한테는 열녀문을 내려 주고."

최불통의 말을 들으니 괜히 부아가 치밀었다. 한편으로는 내가 조선 시대에 태어나지 않은 게 정말 다행이라는 생각도 들었다. 그때 갑자기 좋은 생각이 하나 떠올랐다.

"야, 최불통! 내가 설원 아줌마를 저기 보이는 주막 의자에 앉게 할 테니까 너는 지금 미리 가서 의자에 부적을 붙여 놔."

"그래! 그거 정말 좋은 생각이다."

나는 힘없이 삼강행실도를 바라보는 설원 아줌마한테 다가갔다.

"마님, 안녕하셔유. 저는 저기 주막에서 일하는 오복라고 해유. 날씨도 더운데 잠깐 앉아서 물이나 한잔 하시고 가셔유. 물은 공짜이

구먼유."

 장옷을 뒤집어쓴 설원 아줌마의 눈은 퉁퉁 부어 있었다. 나는 온갖 주위들은 말투로 연기를 하며 설원 아줌마를 부적이 붙어 있는 의자 쪽으로 이끌었다.

 "잠깐 여기 앉아 계셔유. 제가 곧 물을 떠다 드릴게유."

 설원 아줌마가 막 부적이 붙어 있는 의자에 앉으려고 할 때였다. 갑자기 어디선가 바람이 불어 와 의자에 놓았던 부적이 펄럭였다.

 "앗, 안 돼!"

 최불통은 재빨리 손을 뻗어 부적을 다시 의자에 붙이려고 했다. 그런데 이게 웬일! 설원 아줌마가 불통이 손을 깔고 앉아 버린 것이다. 엉겁결에 세 번째 숙제를 해치운 셈이었다.

 문제는 설원 아줌마의 엉덩이 밑으로 들어가 있는 최불통의 손이었다. 문득 남편의 시신을 지고 오다가 낯선 남자한테 우연히 한쪽 팔을 잡히자 그 팔을 잘라 내는 모습이 그려져 있던 삼강행실도가 떠올랐다.

 '낯선 남자한테 팔이 잡혔다고 칼로 자기 팔을 잘라 버리는 것을 미덕으로 알고 있는 시대에 여자 엉덩이 밑으로 손을 집어넣었으니 정말 큰일이 아닐 수 없다. 아, 최불통의 잘난 척도 여기서 끝이구나. 나무아미타불 관세음보살.'

 설원 아줌마는 너무 깜짝 놀라 비명도 못 지른 채 입만 떡 벌리고 있었다. 불통이도 어찌할 바를 모른 채 얼어붙은 듯 가만히 있었다.

"저, 저, 저런 불량한 놈을 봤나! 머리에 피도 안 마른 녀석이!"

가장 먼저 고함을 친 사람은 주모였다. 주모는 들고 있던 상을 바닥에 내팽개치고 불통이한테 고래고래 소리를 질렀다.

"오, 오해예요. 전 그냥 부적……."

주막에 있던 사람들은 수저를 내려놓고, 험상궂은 얼굴로 자리에서 벌떡 일어났다. 나와 최불통은 누가 먼저랄 것도 없이 냅다 도망치기 시작했다.

"걸음아, 날 살려다오!"

다행히 끝까지 쫓아오는 사람은 없었다. 우리는 그래도 뛰고, 또 뛰었다.

열녀문의 비밀

조선 전기까지만 해도 여자들의 지위가 그리 낮지만은 않았어. 그때까지는 여자들도 재산을 가질 수 있었고, 딸들도 부모의 재산을 물려받을 수 있었지. 그러나 조선 후기로 넘어오면서 여자들의 지위는 뚝 떨어졌지. 반대로 남자들의 지위는 높아지고 말이야.

'열녀'라는 말을 들어 본 적이 있지? 열녀는 남편이 죽은 뒤 평생 남편만 생각하며 과부로 살거나, 남편을 따라 죽은 여자들을 가리키는 말이야. 나라에서는 그런 여자들한테 '열녀문'을 내려 크게 칭찬을 했지.

열녀로 인정을 받으면 먼저 열녀문을 세우고, 어떻게 열녀가 되었는지 널리 알렸어. 열녀문은 집안의 자랑이자 고을의 자랑이었지. 열녀가 나온 집안의 사람들한테는 여러 가지 혜택을 주기도 했어. 가장 낮은 신분인 천민이 열녀가 되면 평민으로 신분을 올려 줬어. 그리고 평민이 열녀가 되면 세금과 부역을 면제해 주었단다.

하지만 나라에서 열녀문을 세워 준 건 여자들을 위해서가 아니야. 여자는 죽을 때까지 남자를 하늘처럼 받들어야 한다는 생각을 심어 주려고 열녀문을 세워 준 것이지. 우리나라 역사에서 조선 시대 후기처럼 여자들의 지위가 낮은 시기는 없었단다.

낯선 여자들의 등장

　세 번째 숙제를 한 지도 벌써 며칠이 지났다. 그 며칠 사이 나는 오랜만에 편안함을 누리고 있었다. 머리가 쿡쿡 쑤시던 아픔도 사라졌다. 그러자 슬슬 꾀가 났다.
　'아, 그동안 너무 고생을 많이 했어. 유적지는 정말 지긋지긋해.'
　그날 저녁 때까지만 해도 분명 내 몸에는 아무런 이상이 없었다. 하늘을 날아갈 것 같은 기분이었다.
　나는 불을 끄고 눈을 감자마자 잠이 들었다. 꿈을 꾸면서도 나는 내가 꿈을 꾸고 있다는 것을 분명하게 느낄 수 있었다. 아, 그건 정말 끔찍한 꿈이었다. 미라가 뒤에서 나를 껴안은 채 놓아주지 않았다. 꿈속의 나는 있는 힘껏 발버둥을 치고 있었지만 미라의 손아귀에서 벗어날 수가 없었다.

'얼른 꿈에서 깨어나!'

나는 내 자신한테 크게 소리를 질렀다. 하지만 몸을 움직일 수가 없었다. 손가락 하나 까닥할 수가 없었다.

"으악!"

침대에서 벌떡 일어나 불을 켜고 거울을 바라봤다. 거울 속의 나는 몰라보게 핼쑥해져 있었다. 머리카락은 마구 헝클어져 있었고, 온몸에서는 식은땀이 흘러내렸다. 게다가 다시 머리가 지끈지끈 아픈 게 아닌가? 이번엔 바늘로 콕콕 찌르는 것이 아니라 뜨겁게 달군 쇠로 머리를 지지는 것 같은 아픔이었다.

나는 얼른 서랍에 쑤셔 넣어 둔 비단 주머니를 찾아 부적을 꺼내 보았다.

'박영신, 상록수 강당'

부적에는 이렇게 적혀 있었다. 나는 마지막 부적을 손에 들고 새벽이 밝아 올 때까지 창밖만 멍하니 바라봤다. 잠을 자면 미라 꿈을 또 꿀 것 같아서였다.

그날 저녁, 미라 발굴 유적지로 가는 마을버스 기사 아저씨는 오늘도 아무런 표정 없이 굳은 얼굴로 앞만 보고 운전을 하고 있었다.

"고맙습니다."

내가 버스에서 내리면서 인사를 했지만 아저씨는 들은 척도 안 했다.

"저 기사 아저씨, 진짜 이상해."

"그러게. 마치 꼭두각시 인형 같다니까."

미라 발굴 유적지는 이제 눈을 감고 돌아다닐 수 있을 만큼 눈에 익숙해져 있었다. 경비 아저씨들은 깨진 도자기들을 담아 놓은 상자 앞에서 어슬렁거리며 어느 것이 더 비싼 도자기인지 내기를 주고받고 있었다. 우리는 가볍게 경비 아저씨들의 눈을 피해 삐걱 다리 쪽으로 다가갔다. 그리고 눈 깜짝할 사이에 삐걱 다리를 건너 '저쪽 세상'으로 넘어갔다.

"어, 잘못 온 거 아니야?"

"왜?"

"저 사람들은 일본 사람들이잖아."

"이, 바보야. 지금은 일제 강점기니까 그렇지."

아는 척할 기회를 놓칠 최불통이 아니었다.

"그, 그렇구나. 여자들의 옷차림도 엄청나게 많이 달라졌어. 저 여자 좀 봐. 짧은 치마를 입고 있어."

"일제 강점기에 등장한 신여성들은 여자들을 업신여기는 낡은 관습을 깨뜨리고 새로운 문화를 만들려고 애썼어."

"신여성?"

"신여성이란 말 처음 들어 봐?"

나는 또 내 무식이 탄로 나는 줄 알고 가슴이 뜨끔했다. 하지만 여기서 기가 죽어선 안 돼지. 암! 나는 오히려 더 크게 화를 냈다.

"야, 너 제발 잘난 체 좀 그만하라고 했지. 신여성을 모르는 사람이 어디 있냐? 나 참 기가 막혀서. 흥!"

"미안. 뭘 그렇게 화를 내냐."

다행히 최불통은 꼬치꼬치 따지지 않았다. 휴!

자세히 보니, 길을 걸어 다니는 신여성들은 옷차림부터 다른 여성들과는 달랐다. 한복을 고쳐 저고리는 허리까지 내려오게 하고, 치마는 발에 거치적거리지 않게 종아리가 보일 듯 말듯 만큼 짧게 입었다. 당연히 조선 시대 여자들이 밖에 나갈 때 입던 장옷은 벗어 버렸다. 그 대신 검정 우산이나 양산을 쓴 여자들이 눈에 띄었다. 한복이 아니라 양장을 입은 여자들도 곳곳에 보였다. 구두를 신은 여자, 모자나 안경을 쓴 여자, 목도리를 두른 여자들도 보였다. 신여성들 가운데에는 댕기를 묶거나 쪽을 졌던 긴 머리를 짧게 자른 사람들도 많았다.

"진희야, 뭘 그렇게 넋을 놓고 봐. 미션 수행 안 할 거야? 네 번째 부적에 적힌 사람은 어디에 가서 찾아야 해?"

"상록수 강당이라고 적혀 있는데."

상록수 강당은 수많은 신여성들로 발 디딜 틈조차 없었다. 강당 정문에는 '여성 사회 운동가 박영신 초청 강연회'라고 쓰인 현수막이 바람에 펄럭이고 있었다.

"정말 시대가 참 많이 바뀌었네……."

"나이도 어린 게 왜 다 늙은 할아버지처럼 말을 하냐?"

내가 눈을 흘기니까 최불통이 변명을 하듯 말했다.

"지난번에 조선 시대 여자들의 삶을 봤으니까 그렇지. 조선 시대 여자들은 집안일이나 하고 밖에 나설 기회가 거의 없었잖아. 그런데 지금 우리 앞에 있는 이 여자들을 봐. 정말 많이 바뀌지 않았어?"

"그래. 조선 시대 여자들하고는 아주 달라. 좀 낯설어 보인다."

우리는 강당 맨 앞자리에 앉아 부적 붙일 기회를 엿보았다.

"여성 여러분! 우리는 이제 낡은 관습에서 벗어나야 합니다."

박영신은 뜨거운 목소리로 강연을 하고 있었다.

"아직도 여자는 바깥일보다 남편과 자식을 위해 집안만을 지켜야 한다고 생각하십니까? 이제 시대가 바뀌었습니다. 여자도 교육을 받고, 여자도 일을 해야 합니다. 안 그렇습니까, 여러분?"

박영신은 웅변을 하듯 두 손을 번쩍 들어 올렸다. 강당에 모인 여자들은 손바닥이 아프지 않을까 걱정스러울 만큼 뜨겁게 박수를 보냈다.

"맞습니다!"

"맞아요!"

강당 이곳저곳에서 맞장구치는 소리가 들렸다.

"어린 나이에 잘 알지도 못하는 남자와 강제로 혼인하는 낡은 관습도 이제 버려야 합니다. 혼인은 자기 뜻대로 해야 합니다. 예전에는 남자와 여자가 같이 밥상에 앉아 밥도 못 먹었습니다. 하지만 이제 남자와 여자는 서로 마주 앉아 밥을 먹어야 합니다."

박영신이 잠시 말을 멈출 때마다 강단에 모여 있는 여자들은 모두 한마음으로 박수를 쳐 주었다. 곳곳에 손수건으로 눈물을 훔치는 여자도 보였다.

박영신의 강연은 오랫동안 이어졌다. 박영신의 강연을 들어 보니, 개화기 신여성들이 어떤 삶을 살았는지 쉽게 이해할 수 있었다. 개화기가 되면서 새로운 직업이 생겨나고 여자들만 하는 일자리도 생겨났다. 전화 교환수, 미용사, 백화점 점원 같은 직업이 바로 그랬다. 고등 교육을 받은 여자들은 의사, 교사, 기자, 소설가, 화가와 같은 일을 하며 자기 능력을 펼쳤다.

천주교와 동학, 그리고 남녀 평등 사상

조선 말기 서양에서 들어온 천주교는 처음에는 종교가 아니라 학문으로 전해졌어. 그래서 천주교를 '서양의 학문'이라는 뜻에서 '서학'이라고 했지. 서학은 새로운 학문과 사상을 배우려고 하는 사람들 사이에 널리 퍼져 나갔어. '하느님 앞에서는 양반과 상놈도 없고, 남자와 여자도 구분 없이 모두 평등하다.'는 것이 천주교의 사상이었지. 철저한 신분제를 지켜 온 조선은 천주교를 인정하지 않고 박해했지만, 천주교는 여자들을 중심으로 매우 빠르게 널리 퍼져 나갔어.

천주교와 함께 동학도 널리 퍼져 나갔어. 동학은 최제우가 우리 옛 사상을 바탕으로 세운 새로운 종교야. '인내천' 곧 '사람이 곧 하늘'이고 '사람은 양반 상놈 구별 없이 모두 귀하고 평등하다.'는 게 동학의 사상이었지.

어느덧 박영신은 강의를 끝내고 인사를 했다.
"어이쿠! 벌써 끝났네. 진희야, 서두르자."
우리는 재빨리 자리에서 일어나 박영신이 강의를 마치고 나오는 문 쪽으로 달려갔다. 박영신은 벌써 나와 어디론가 걸어가고 있었다.
'지금 놓치면 또 언제 기회가 생길지 몰라.'
나는 말부터 붙여야겠다는 생각에 사인을 해 달라며 들고 있던 부적을 내밀었다.
"박영신 선생님, 사인 좀 해 주세요."
"사인? 사인이 뭔데?"

'이런! 개화기 때는 사인을 해 주는 문화가 없었구나.'

내가 당황해하자 최불통이 나섰다.

"아, 사인은 종이에 자기 이름을 적어서 엉덩이에 붙이는 거예요."

"종이에다 이름을 적어 엉덩이에 붙여? 마, 망측하게……."

"망측하긴요. 그게 요즘 젊은이들의 새로운 문화라니까요. 아까 선생님이 말씀하셨잖아요. 여성을 업신여기는 낡은 관습을 깨뜨리고 새로운 문화를 만들어 나가야 한다고요."

"하지만 이건 새로운 문화라고 하기엔 좀……."

내가 생각해도 정말 말도 안 되는 얘기였다. 이름을 적은 종이를 엉덩이에 붙였다 떼는 게 새로운 문화라니! 하지만 이게 웬일인가?

"하긴, 처음 만나는 문화는 뭐든지 낯설게 마련이지. 뭐, 한번 해 보자꾸나. 다양한 경험을 해서 나쁠 건 없지."

다행히 박영신은 뭐든지 새로운 것을 해 보려고 하는 의욕이 넘치는 여자였다. 박영신은 부적 뒷면에 자기 이름을 쓰더니, 스스로 부적을 엉덩이에 붙였다.

"야호!"

우리는 마지막 숙제까지 모두 마쳤다는 기쁨에 큰 소리로 만세를 부르며 펄쩍 뛰었다.

"왜들 그래?"

박영신이 깜짝 놀란 얼굴로 우리를 바라보았다.

"아니에요. 박영신 선생님, 정말 고맙습니다."

우리는 인사를 하는 둥 마는 둥 하고 삐걱 다리로 달려갔다.

일하는 여성

개화기 때부터 여자들의 사회 참여가 조금씩 늘어났어. 교육을 받은 여자들은 다양한 직업에서 일을 했고, 그러면서 여자들의 사회 지위도 조금씩 높아져 갔지. 그러다 1948년에는 여자도 남자와 똑같이 선거권과 선거에 출마할 자격이 생겼어. 하지만 1970년대까지만 해도 진정한 남녀평등은 이루어지지 않았어. 남자는 밖에서 일을 해 돈을 벌고, 여자는 집안일을 하는 사람이라는 뿌리 깊은 생각이 바뀌지 않고 있었지.

오늘날에는 남녀가 평등하게 일을 하고 있어. 여자가 밖에서 일을 하고, 남자가 집에서 살림을 하는 집안도 있지. 일하는 여성들도 점점 많아지고 있어. 이제 여성이라고 해서 못하는 일은 거의 없어. 요즘은 여성 조종사, 축구 심판, 권투 선수, 판사, 변호사, 의사, 국회의원처럼 어디에서나 일하는 여성들은 볼 수 있단다.

미라, 흙으로 돌아가다

이튿날, 우리는 미라가 누워 있는 고고 박물관을 찾았다. 고고 박물관은 우리 할아버지가 관장으로 있는 곳이기도 하다.

"신기하게 머리가 하나도 안 아프네. 넌 어때?"

"나도 그래. 날아갈 것 같아."

"이러다 또 아픈 건 아니겠지?"

"에이, 설마……. 미라가 내 준 숙제도 다 풀었는데."

그런데 박물관 분위기가 왠지 어수선해 보였다. 경비 아저씨들은 이리저리 바쁘게 뛰어다니고, 한 직원은 무전기에 대고 고래고래 소리를 질렀다. 그때 우리 할아버지가 나타났다.

"할아버지, 안녕하세요!"

할아버지는 우리를 보는 둥 마는 둥 하시더니, 넋이 나간 사람처럼 똑같은 말만 되풀이하고 계셨다.
"이럴 수가! 이럴 수가……."
"할아버지, 무슨 일이 생겼어요?"
할아버지는 귀신이라도 본 듯한 얼굴로 미라가 있던 유리관을 손으로 가리켰다.
"앗!"
우리는 깜짝 놀라 소리를 질렀다.
"미, 미라가 없네."
미라가 있던 유리관 안은 텅 비어 있었다. 그제야 처음 미라를 만났을 때 미라가 했던 말이 생각났다.
'너희가 숙제를 제대로 다하면 나는 흙으로 돌아갈 것이고, 그럼 너희의 저주도 풀릴 것이다.'
미라의 말은 모두 사실이었다. 그렇다면 드디어 지긋지긋한 저주가 모두 풀렸다는 얘기? 나와 불통이는 기뻐서 폴짝폴짝 뛰고 싶었다. 하지만 지금 그랬다간 할아버지한테 무슨 구박을 당할지 모를 일이다. 나는 짐짓 걱정스러운 얼굴로 할아버지한테 아무것도 모르는 척 물어봤다.
"할아버지, 이게 어떻게 된 일이에요?"
"나도 모르겠다. 하룻밤 사이에 미라가 흙으로 바뀌는 건 있을 수

없는 일이야. 도대체 어떻게 된 일일까……?"

"저, 저희는 당연히 모르죠."

박물관 문을 열고 밖으로 나오니 세상이 달라 보였다. 정말 날아갈 듯한 기분이었다.

"난 이제 다시는 미라한테 얼씬도 안 할 거야."

"나도 마찬가지야. 하지만 미라 덕분에 재미있는 역사 여행을 한 건 나쁘지 않은 일이었어. 학교에서 배우는 역사책에는 왕, 장군, 높은 벼슬아치와 같은 온통 남자들 이야기밖에 없잖아. 역사책만 보면 여자는 있으나 마나 한 사람인 것 같아. 분명 옛날에도 남자와 여자가 함께 살았을 텐데 말이야."

"진희, 너 제법 똑똑해진 것 같다."

나는 불통이 말은 들은 척도 안 하고 말을 이었다.

"난 그동안 옛날 여자들은 남자들과 견주어 지위가 낮았을 거라고만 생각해 왔어. 하지만 내 눈으로 확인해 보니까 고대에는 여자들도 남자 못지않은 경제력이 있었어."

"어디 그뿐이야. 고려 시대에는 남녀 구분 없이 똑같이 재산을 나누어 가졌잖아."

불통이도 그동안 보고 겪은 일들이 생각난다는 듯 맞장구를 쳤다.

"그러니까 조선 시대 후기에만 유교 사상의 영향으로 여자들 지위가 뚝 떨어진 거네."

"맞아, 그러다 개화기 때부터 조금씩 여자들의 지위가 다시 올라갔지. 지금은 적어도 법이나 제도에서는 남녀 차별이 없어졌고."

"아무튼 미라 덕분에 옛날 여자들이 어떻게 살아왔는지 잘 알 수 있었어. 나도 앞으로는 당당하고 씩씩한 여자로 살아갈 거야."

우리는 집으로 돌아가려고 박물관 앞 정류장에서 마을버스를 탔다.

"안녕, 애들아! 오늘 정말 날씨가 좋구나."

마을버스 기사 아저씨가 반갑게 우리를 맞아 주었다.

"어? 불통아, 혹시 저 아저씨……?"

"그래, 맞아. 그 꼭두각시 같은 말 없는 기사 아저씨! 그런데 오늘은 웬일이시지?"

"혹시 저 기사 아저씨도 미라의 저주에 걸렸다 벗어난 게 아닐까?"

나는 혹시 아저씨가 들을까 봐 목소리를 잔뜩 죽여 불통이한테 말했다.

"글쎄……."

"아무튼 모든 게 다 정상으로 돌아와서 정말 다행이야."

"맞아. 이번 여름 방학은 정말 특별했어. 으스스하긴 했지만 미라 덕분에 우리나라 여자들의 역사를 온몸으로 배운 거 같아."

그때 라디오에서 뉴스가 흘러나왔다.

"조선 시대 여성의 미라가 또 발견되었습니다. 미라 발굴 조사단은 오늘부터 두 번째로 발견된 여성 미라의 발굴을 시작한다고 합니다. 이번에도 미라 발굴은 고고학자이자 대한대학교 교수인 황고봉 박사가 맡기로……."

뉴스에서 할아버지 이름이 나오자 나는 불통이를 한번 툭 건드렸다.

"너 또 설마?"

최불통이 가자미눈을 하고 나를 바라봤다.

"왜, 가자고 하면 또 같이 가려고?"

"아이고, 됐네! 아직 방학 숙제도 못했는데."

"맞다, 방학 숙제!"

"미라의 저주보다 방학 숙제의 저주가 더 무서워……."

"뭐라고? 하하."

버스 창밖으로 붉은 해가 뉘엿뉘엿 넘어가고 있었다. 흙으로 돌아간 미라는 지금쯤 어디서 무얼 하고 있을까?

소서노

소서노는 고구려를 세운 주몽의 아내이자, 백제를 세운 온조의 어머니예요. 고구려와 백제를 세우는 데 중요한 구실을 한 소서노는 우리나라 역사의 으뜸 여걸로 알려져 있지요. 그런데 소서노의 삶을 따로 다룬 옛날 역사책은 없어요. 왜냐하면 옛날에는 남성 중심으로 역사책을 썼기 때문이에요.

소서노는 졸본 사람인 연타발의 딸로, 북부여의 왕 해루부의 후손인 우태와 혼인을 해서 비류와 온조 두 아들을 낳았어요. 우태가 죽은 다음 주몽과 재혼을 했고요. 주몽은 원래 동부여 사람인데, 소서노의 도움을 받아 고구려를 세울 수 있었어요. 아버지와 남편한테서 유산을 넉넉하게 물려받은 소서노가 큰돈을 대 주어 뛰어난 장수들을 끌어들이고 민심도 잡을 수 있었지요.

그런데 주몽한테는 소서노와 혼인하기 전에 낳은 유리라는 아들이 있었어요. 주몽은 왕권이 안정되자 비류와 온조를 제치고 맏아들인 유리를 태자로 삼았어요. 이에 배신감을 느낀 소서노는 두 아들을 이끌고 고구려를 떠나 남쪽으로 내려가 한강 유역에 이르러 백제를 세웠어요.

소서노는 세계 어느 나라 역사에서도 찾아볼 수 없는, 두 나라를 세우는 데 커다란 구실을 한 여자대장부예요.

선덕 여왕

우리나라 첫 여왕이에요. 신라 진평왕의 맏딸로, 이름은 '덕만'이지요. 신라에는 여왕이 셋 있었는데, 그 가운데 첫 번째로 왕위에 오른 사람이 바로 선덕 여왕이에요. 신라의 스물일곱 번째 왕이 되어 632년부터 647년까지 나라를 다스렸어요.

선덕 여왕이 왕위에 오를 수 있었던 것은 신라의 골품제 때문이었어요. 아버지 진평왕은 아들이 없고 딸만 둘 있었는데, 그때 신라에서는 부모가 모두 왕족인 성골만 왕이 될 수 있었어요. 하지만 선덕 여왕이 왕위에 오를 시기에는 마침 성골 남자가 하나도 없었지요.

선덕 여왕은 나라를 아주 잘 다스렸어요. 훗날 신라가 삼국을 통일하는 데 튼튼한 기틀을 다진 왕이라고 할 수 있지요. 백제의 공격을 받을 때에는 고구려와 동맹을 꾀하고, 백제와 고구려가 힘을 모아 신라를 공격할 때는 당나라와 손을 잡기도 했어요. 우리가 잘 아는 첨성대를 세우고, 불교의 힘으로 백성들을 하나로 모으고자 황룡사 9층 목탑을 짓기도 했어요.

설죽화

설죽화는 고려 시대에 거란군과 용감하게 맞서 싸워 큰 공을 세운 소녀예요.

993년부터 1019년에 이르기까지, 거란은 크게 세 차례에 걸쳐 고려에 쳐들어 왔어요. 전쟁이 한창이던 1011년, 설죽화의 아버지는 거란군과 싸우다가 전쟁터에서 죽고 말았어요. 이 소식을 들은 설죽화는 열심히 무술을 배우며 아버지의 원수를 갚고 거란군을 무찌르겠다고 마음먹지요.

1018년 12월, 거란이 세 번째로 고려에 쳐들어오자 설죽화는 남자 옷을 입고 강감찬 장군이 이끄는 부대에 들어갔어요. 설죽화는 이 전쟁에서 눈부신 활약을 펼쳤어요. 거란군 사이에 "고려군에는 무서운 소년 선봉장이 있다."는 소문이 돌 만큼 설죽화는 거란군을 벌벌 떨게 만들었지요. 설죽화는 흰말을 타고 청룡도를 휘두르며 거란군 사이를 누비고 다녔다고 해요.

하지만 설죽화는 도망치는 거란군을 쫓다가 화살에 맞아 목숨을 잃고 말았어요. 이때 설죽화의 나이는 스무 살도 채 안 되었어요. 이 이야기는 정통 역사책에는 나오지 않고 고려 시대부터 지금까지 전설처럼 전해 내려오고 있어요.

김만덕

김만덕은 영조 15년(1739년)에 제주도에서 태어났어요. 어릴 때 부모님을 잃고 기생의 수양딸이 되어 자신도 기생이 되었지요. 기생은 천민 신분으로 기적(기생들을 등록해 놓은 대장)에 한 번 이름이 오르면 다시 빠져나오기가 어려워요. 하지만 김만덕은 관아를 찾아가 자신은 본래 평민 여자이니 기적에서 빼 준다면 돈을 벌어 불쌍한 사람들을 돌보겠다고 약속해요.

그 뒤 기생 신분에서 벗어난 김만덕은 장사를 해서 큰 부자가 되었어요. 만덕은 평생 번 돈으로 어려운 사람들을 도우며 살았어요. 1792년에서 1795년까지

제주도에 큰 흉년이 닥치자 만덕은 자신의 재산을 털어 쌀 450석을 가난한 사람들을 위해 내놓았지요.

이 소식을 들은 정조는 만덕한테 큰 상을 내리겠다며 소원을 말해 보라고 했어요. 그러자 만덕은 이렇게 대답했어요.

"제 소원은 첫째 한양에 가는 것이고, 둘째 임금님을 뵙는 것이고, 셋째 금강산을 구경하는 것입니다."

만덕이 바란 것은 커다란 상이 아닌 육지를 구경하는 것이었어요. 그때 법으로는 제주도 여자들이 뭍으로 나올 수 없었기 때문이지요. 정조는 만덕의 당당한 소원을 들어주었어요. 성리학을 바탕으로 한 조선 사회에서도 김만덕처럼 크게 장사를 하며 당당하게 살아간 여성들이 있었어요.

논개

논개는 임진왜란 때 큰 업적을 세운 사람이에요. 1592년 임진왜란이 터지자 논개의 남편인 최경회는 전라우도 의병장을 맡아 의병을 모았어요. 이때 논개는 동네 부인들을 모아 의병들의 식사를 마련하고 빨래를 해 주며 정성껏 뒷바라지를 했지요.

하지만 최경회가 지키고 있던 진주성은 피비린내 나는 전투 끝에 무너지고 말았어요. 이 전투에서 자그마치 7만에 가까운 사람이 목숨을 잃었지요. 그러자 최경회는 진주 남강에 몸을 던져 스스로 목숨을 끊고 말았어요.

남편이 죽은 지 한 달쯤 지난 1593년 7월, 논개는 진주성 촉석루에서 벌어진 왜장들의 승리 축하 잔치에 찾아가요. 논개는 계획대로 열 손가락 마디마디에 가락지를 끼고 술에 취한 왜장 게야무라 로쿠스케를 꾀어내지요. 왜장은 논개가 기생인 줄 알고 얼싸안으려고 했지만, 논개는 눈 깜짝할 사이에 왜장을 와락 껴안고 남강에 몸을 던져 함께 목숨을 끊었어요.

윤희순

윤희순은 우리나라의 첫 여성 의병장이에요. 윤희순은 1860년(철종 11년) 한양에서 태어났어요. 1895년 을미사변(일본이 명성황후를 죽인 사건)이 일어났을 때 시아버지인 유홍석과 함께 의병을 일으켰지요.

윤희순은 의병들의 먹을거리와 옷을 마련해 주고, 전투에 필요한 탄약이나 화약 만드는 일을 이끌었어요. '안사람 의병가' '병정의 노래'와 같이 의병들이 사기를 드높일 만한 노래를 지어 부르게도 했지요. 이때 윤희순이 만든 의병가가 우리나라의 첫 한글 의병가라고 해요. 이 노래는 일본 제국주의를 이 땅에서 몰아내야 한다는 거센 저항 정신을 담고 있어요.

1910년 나라를 빼앗기자 윤희순의 식구들은 만주 땅으로 가서 항일 운동을 뒷받침하는 학교인 '노학당'을 세웠어요. 윤희순은 이 학교에서 학생들을 가르치고 운영 자금을 끌어모으며 많은 인재들을 길러 냈어요.

안경신

안경신은 1895년 평안남도 대동에서 태어났어요. 1919년 3월 1일 만세 운동이 일어나자 평양에서 사람들을 모아 만세를 부르다가 체포되어 한 달 동안 구류를 살았어요.

그해 11월, 안경신은 '애국부인회'라는 독립운동 단체를 만들었어요. 그러다 일본 경찰들한테 쫓겨 만주로 몸을 피했어요. 1920년 초에는 상하이로 건너가 임시 정부 요인들과도 가깝게 지냈어요.

얼마 뒤 안경신은 미국 국회의원들이 우리나라에 온다는 소식을 듣고 조국에 돌아오기로 마음먹어요. 미국 의원들한테 우리 겨레의 독립 의지를 보여 주겠다고 생각하지요.

안경신은 평안남도 안주에서 일본 경찰 한 명을 총으로 쏘아 죽인 뒤, 일본 관리들이 자리 잡고 있던 평안남도 도청에 폭탄을 던졌어요. 그 뒤 안경신은 다시 평양 경찰서를 폭파하려다 붙잡혀서 처음에는 사형을 선고받았어요. 나중에 다시 재판을 받아 10년형이 확정되었지요. 우리나라 여성 가운데 독립운동을 했다는 까닭으로 이런 무거운 형벌을 받은 사람은 안경신이 처음이에요.

유관순

유관순은 1902년 12월 16일 충남 목천군에서 태어났어요. 기독교를 믿는 집안에서 태어나 어릴 때부터 신앙이 두터웠지요. 어릴 때부터 똘똘함이 남달라 선교사 부인의 눈에 띄어 서울에 있는 이화학당에 가게 됐어요. 이때 유관순은 학교 옆 정동제일교회에 다니며 세상의 흐름을 느끼고, 하루빨리 조국의 독립을 앞당겨야 한다는 것을 온몸으로 배웠어요.

1919년 3월 1일, 유관순은 학교를 뛰쳐나가 만세 운동에 참가했어요. 며칠 뒤 남대문역에서 열린 학생 시위에도 참여했지요. 학교에 휴교령이 떨어지자 유관순은 고향으로 내려갔어요. 유관순은 고향 어른들한테 서울에서 일어난 만세 운동을 자세히 알리고, 고향 마을에서도 만세 운동을 벌이자고 설득했어요. 마침내 1919년 4월 1일, 유관순의 고향 아우내 마을에 '대한 독립 만세!' 소리가 울려 퍼졌어요. 만세 운동을 이끈 유관순은 일본 경찰에 붙잡혀 가 모진 고문을 받고, 이듬해 9월 28일 끝내 세상을 떠나고 말았어요. 이때 유관순의 나이는 열여덟 살이었어요.